U0926680

父母这么教，孩子更快乐

罗华春◎著

中国财富出版社

图书在版编目（CIP）数据

父母这么教，孩子更快乐 / 罗华春著．—北京：中国财富出版社，2016.9
ISBN 978-7-5047-6243-6

Ⅰ.①父…　Ⅱ.①罗…　Ⅲ.①青少年教育—家庭教育　Ⅳ.①G782

中国版本图书馆 CIP 数据核字（2016）第 201501 号

策划编辑 单元花　　**责任编辑** 单元花
责任印制 方朋远　　**责任校对** 杨小静　张营营　　**责任发行** 邢有涛

出版发行 中国财富出版社
社　　址 北京市丰台区南四环西路 188 号 5 区 20 楼　　**邮政编码** 100070
电　　话 010-52227568（发行部）　　010-52227588 转 307（总编室）
010-68589540（读者服务部）　　010-52227588 转 305（质检部）
网　　址 http://www.cfpress.com.cn
经　　销 新华书店
印　　刷 北京京都六环印刷厂
书　　号 ISBN 978-7-5047-6243-6/G·0663
开　　本 710mm×1000mm　1/16　　**版　　次** 2016 年 9 月第 1 版
印　　张 15　　**印　　次** 2016 年 9 月第 1 次印刷
字　　数 253 千字　　**定　　价** 39.80 元

版权所有·侵权必究·印装差错·负责调换

推荐序

近百年来，科学文明的迅速发展，引领整个世界的文化潮流。在日新月异的变迁中，无论是国家的发展，还是个人生活种种，都充满了仓促和焦虑。深刻反思其中的历史原因，归根结底，还是人文教育的问题。

教育问题包括教育内容和教育方法。教育的内容，即以“中西文化”为主的各种人文思想，也就是了解我们自我身心和一切外在物理的奥秘，如何物为我用，实现人、事、物的价值，追求幸福人生。

中国传统文化中，非常重视“师道”。上古时，“君道”与“师道”政教合一，一个国家的领导者，在建立治国安邦的事功时，也担负着道德教化的职能，以引领整个社会人心的风气。一个人只有内在的修养完备、外用于事业，在平时生活中处处严于律已，择善而行，才是在践行真正的学问之道。也只有素质全面、自我修养有所成就，才能真正建立利他的事业，所以，《左传》中言：“太上有立德，其次有立功，其次有立言。”还有大儒王阳明提出的“知行合一”。这些都是中国文化中“内养外用”文化教育理念的传承。

“人之初，性本善。性相近，习相远。苟不教，性乃迁。”人性中有善与恶的种性，但本质上是非善非恶的。善、恶由先天禀赋、后天环境等造成，能善能恶的本性，如一面镜子一样圆明无染，因各自生理、心理、家庭教育、社会际遇等因素的交杂，而映现出沾染习气的不同。一个人接受教育、经历环境的不同，决定生命的质量与高度，决定人生的格局。

教育的方法有很多。中国古代的教育方法，从“胎教”开始。《古列女传》记载：“大任者，文王之母……大任之性，端一诚庄，惟德之行。及其有娠，目不视恶色，耳不听淫声，口不出敖言，能以胎教，溲于豕牢，而生文王。文王生而明圣，大任教之，以一而识百，卒为周宗。”胎儿禀父精母血而生，母亲在怀孕期间的生理、心理将直接作用于胎儿，乃至母体所处环境、起居劳作，对胎儿的身心生长都有直接影响。古代的这些胎教做法，其合理性已经被现代医学和科学所证实，并被越来越多的父母所重视。

小孩在三四岁的时候，具备了语言交流和分辨事物的能力，大脑发育逐渐成熟。他们的模仿能力很强，父母是他们的第一任老师，生活中的一切对于他们而言都是新鲜而好奇的，父母的言行举止——“身教”给了他们对于这个世界初步的印象。及至入学读书，古人教育的方法，先背诵经典、熟习礼仪，再慢慢解义。对于书中的教导，如《朱子格言》：“黎明即起，洒扫庭院……”这必须做到不可，这是生活的教育、实际的修养，而非只是一味背诵、理解、思考的“记问之学”。为了培养孩子们独立自强的能力，古人甚至“易子而教”，将孩子交给信赖的亲朋好友来带养一段时间，以消除孩子对于父母的依赖，也能避免父母因宠爱子女，难以察觉孩子的陋习所造成的教育失败。

中国古代的教育目标，是自立而立他的、自利且利人的，是综合素质的教育，内外兼修。通过内在的修养和能力，才能外用于事业；外在的待人接物、技术技能的积累，才能提升内在的修养和能力。教育不是让人懂得许多别人所不知道的知识点，而是学会如何做人与做事，如何学到做人和做事的技能，包括专科知识但不限于专科知识。所以，教育旨在人格的高贵与价值的实现。人生并不能以名利富贵的得失作为衡量幸福的标准。为人父母，能够让子女成功做好一个人就可以了，教育的目标，不一定非要让孩子成就一番伟业不可。

人生经历皆由各自完成，我们时时谋求幸福之道，就需要对自我、对人事有理性的认知力。因此，自我学习、自我提高是贯穿一生始终的事情。子曰：“吾道一以贯之。”随时反省自新，见贤思齐，身体力行，才是建立学问修养的根本。为人父母，只有这样，才能明白教育的真正意义，从自身做起，在生活中完成修养，以亲身的参与、体会，来言传身教，让孩子有良好的家教环境。这样的父母，不仅尽最大努力给了孩子成长的“福田”，也在教学相长中提升自己。教育是在利他中自利、在奉献中收获的，带给孩子们智慧和快乐的同时，也会获得智慧与快乐，您说对吗?

如果孩童是一株幼苗，帮助其成长为参天大树的泥土，就是家庭教育的环境，特别是父母的影响。试看古今历史上，许多贤才巨匠，多有深远的家教渊源。家庭教育就是生活教育，所谓“言传不如身教”，生活中的点点滴滴、所见所闻，呈现给孩子们真实的世界，是教育孩子最大的课室，父母培养孩子，是极重大的责任。民国以前，我们国家为教育花钱很少，多半由家庭各自负责，上私塾念书能考取功名就走进仕途，功名无望就转行他业，各谋发展。教育的作用，就是“化民成俗”，维护一方风化。人能自重自爱，勤勉务实，敬业乐群，就是成功。现在，我国实行集中办校体制，许多父母以为教育就是把孩子送进学校交给老师，让孩子掌握课本知识、考试有好的成绩，直到毕业后找份高薪的工作，就算结束教育。可想而知，这样的观念和做法，带给孩子的只有书本知识。做人和做事的许多法度，是孩子们进入社会后磨砺得来的，往往要付出几倍甚至几十倍的代价。

子女是父母生命的延续，孩子是家庭和国家的希望，对子女的全面素质教育是每个家长都应该重视的头等大事。要在生活中做好教育，与社会环境、家庭环境、父母教育能力、孩子禀赋等因素有关。古代家教，有“孟母三迁”的故事，现在许多西方国家的院校教育，在培养学生动手、动脑、智力、人格、创造力、品德等全面素质教育方面做得很好，与中国古代教育宗旨不谋而合。教育不仅培养人才，更是在培养人格，有了健全的人格才谈得上发挥才气自利利他。父母要调整思路，积极完成教育孩子的重任。

罗华春先生的《父母这么教，孩子更快乐》一书，是面对当前教育所存在的实际问题，站在教育理念的最高点，融合了心理学、生理学、中西教育经验而完成的，既吸收了前人在这方面所取得的实践经验，又进一步系统整理了因材施教的方法，是一本全面、专业、实用的书。他详尽地剖析了人在不同时期的心理变化，提供了有效的教育方法。他十分熟知沟通互动的作用与技巧，恰到好处地在日常教育中将其发挥到极致。他十分明白人格的健全、智力的开发，需要做出哪些努力，告诉我们应该如何坚持遵循这些规律。

“把全面的教育融入日常生活之中，教育机会无处不在。”我认为书中这句话，正是中国传统做学问、做教育的根本，也是现在发达国家的教育理念。《大学》中有云：“大学之道，在明明德，在亲民，在止于至善。”学习是一生的事，是在日常生活中的体现和积累。通过阅读这本书，父母可以了解教育的内涵与教育的方法，依教奉行，一定能取得非常好的教育效果。当我看到这句话的时候，感到十分惊喜！罗先生已深会传统“师道”的精神，苦心孤诣地总结出了如此系统完备的教育法，在亟待推广的家庭教育领域探索出一条新路，是非常不容易、值得赞叹的！希望罗先生能有更多学术成果面世，也祝福天下父母都能因此达成子女成材的心愿。

黄　俊
2016 年 3 月 29 日

前 言

如何从本套方法中最大地获益?

强大的自信，可以提供源源不断的快乐。全面的教育，可以让孩子获得强大的自信。

中华文化以家文化为基础，所以我们以“全面发展”为核心命题，探索全面发展的教育如何在家庭中实施。

教育是个难题。把全面发展的教育融入日常生活，是本套方法的目标。

我们把教育这个全局比喻为一个家庭的硬件。家庭中应该有厨房、卫生间、卧室和客厅，如果我们只取其中一部分，而忽略其他部分，这个家的硬件功能都是不完整的。

“养成好习惯”是教育中的一个点，“亲子之间的沟通”是教育中的一个点，“道德教育”是教育中的一个点，“意志品质、理想信念”也是教育中的一个点，每一个点都可以写成很多本书，但这些点都不是教育的全部，仅是一个点而已。所以，我们应该把握教育的全局。

但是，把握了全局又怎么样呢？仅仅纠缠于枯燥的理论，缺乏强有力的行动、空谈教育，结果仍会是一场空。

从理论到实践的转换就是“怎么做”。面对教育这个话题，说一说、讨论讨论是简单的事情，一谈到“做”，很多人就犯难了。

为了把最有价值的知识呈现给读者，我们必须先保证内容的含金量，所以，我们做了大量简化、通俗化的工作。

把素质教育融入家庭教育之中，这是一个小小的创新，究竟新在何处呢？——我们将教育的重心从“行为习惯”、“品德”等某些点，转向了教育的整个全局，并立足“行动”，提供了一套素质教育的完整方法。

比如，针对“行为习惯”和“品德”的教育，我们没有罗列一大堆应该养成的行为习惯、应该养成的品德，不是去着重陈述这些行为习惯和品德的“重要性”，而是重点指向了“怎么做”，分析“为什么这样做”。

市面上有很多教育类的通俗书籍，其重点往往有两个，一是“应该有”，二是“很重要”。

“应该有”是指列举一大堆应该养成的好习惯，应该具备的道德品质，应该具备的意志品质，应该培养的智力能力。他们的重点是讲一大堆“应该有”。

“很重要”是通过举一些古今中外的例子，通过讲道理，论述这些好习惯很重要，这些道德品质很重要，这些意志品质很重要，这些智力能力很重要。他们的重点是讲一大堆的“很重要”。

为什么很多书对于“怎么做”和“教育规律”，往往只是点到为止、轻描淡写呢？因为要把“怎么做”和“教育规律”讲清楚，需要大量的文字、大量枯燥的专业术语。这样的内容往往没有卖点，让很多家长一看就头疼，不利于提高书的销量。（亲子沟通一类的通俗书籍，把“怎么做”讲得很细，但沟通只是教育全局中的一个点。）

我们对本书内容的安排，一切都指向了“为什么、怎么做”。

正确的行动，需要有正确的理论来指导。

教育理论专著比较难懂，适合于专业人士阅读。教育通俗图书侧重于“亲子沟通”“养成好习惯”等热销话题，侧重于书的商业价值，侧重于个人的成功经验，侧重于某些方法的罗列。我们的思路是取其优点、避其缺点，即扬长避短。

成功的教育案例中有很多正确的教育规律和教育方法，同时，这些成功案例中的“经验”，是人家的经验，我们不能照搬。甚至有些方法、经验并不适合我们。比如，以极度专制、苛刻为代表的“狼爸虎妈”式的教育，对于大多数家庭都不适用。

只是个人的成功案例和分散的方法，在人的头脑中形不成条理，形不成全局，如果遇上教条的家长，照搬案例或者经验，很可能会对孩子造成误导和伤害。

已经被实践证实的教育原理、规律，是最有含金量的内容，但如何把最有含金量的内容传递给普通家长，并教会他们运用这些知识，确实是一个难题。

我们要教会家长怎么做，也要让他们知道“为什么这样做”。学会教育方法，也明白方法背后的原理，就可以在教育的过程中灵活运用，避免教条死板，实现“教育机会无处不在”。

为了实现上述目标，我们做了以下工作：

第一，教育知识的通俗化。

面对广大的普通家长，“通俗易懂”是一个刚性要求。

“良药苦口利于病”，我们首先保证良药的配方不变，即保证书中内容的含金量。对于“药苦”的问题，我们可以“加糖”“加水”“分次服用”，让良药不那么苦。

我们对教育原理、规律、方法等枯燥的理论进行了处理：内容的分解、内容的简化、大量通俗的举例、近 100 幅漫画和场景画、30 余个故事式的情景再现，以及大量的图形；另外，我们把“专业术语”变为通俗语言，把长句改为短句，把大段落改为小段落，尽最大努力将空洞的内容通俗化。

第二，本书的内容和结构。

本书的形成过程，不是闭门造车，不是对其他书籍的抄袭和复制，不是对读者的一味迎合，不是只看重书的商业价值，而是针对普遍存在的典型教育问题，通过了长期的调查和思考，研究了大量的教育基础理论，以“简单、易学、易操作”为标准，希望让普通家长通过学习，也可以成为教育的内行。

很多人都习惯快速“翻”完一本书，针对这些人的阅读习惯，市面上有大量的“快餐书”。但本书不是可以“一口气读完”的教育书籍。读者要做好心理准备，其实做法上很简单，就是放慢阅读的速度。

第一章：影响教育的主要条件——容易忽视的重要力量。

我们用图形表示教育的完整结构，详细分析了影响教育的重要条件：家长、孩子、教育环境、教育中的动力和控制力。

第二章：总方法——珍珠项链中间的绳子。

这根“绳子”，就是这套教育方法的灵魂和精髓。

第三章：做人的品质——非智力的教育。

第四章：做事的能力——智力的教育。

第五章：各成长阶段的问题及对策——防止成长的过程中做减法。

总、分之间有些知识是重合的，重合但不重复，促进读者对内容的熟悉和掌握。

第三，本书的阅读方法。

（1）本书第一、第二章的内容统领全书，所以非常重要。

（2）读完每节，应该回过头，梳理各部分内容之间的关系。

（3）本书的知识量很大，所以不宜快速浏览式阅读。看书不是为了完成任务，而是为了有所收获。

（4）学以致用，在应用中找到信心。读者应该结合自己的家庭情况，进行应用和验证。

我们在理论上的要求和标准是完美的，当然在实践中不可能完全做到。我们可以结合孩子的个性特点，根据各自的家庭条件，选择最合适的目标等级：高目标、中等目标，或者低目标。

不管是高目标，还是中、低目标，分数不再是我们的唯一追求，我们的目标是立足于人的全面发展。

教育的核心是培养孩子健康的人格。

愿天下家庭和谐美好，愿天下的孩子们健康、快乐地成长。

作　者

2016 年 3 月

目录
Contents

第一章

影响教育的主要条件

——容易忽视的重要力量

教育环境、家长、孩子的具体情况，是非常重要的参考条件，影响教育的质量。教育过程中的动力和控制力，是我们经常忽略的重要力量。

有一道菜叫“土豆烧排骨”，这道菜的组成部分有辅助作料、土豆、排骨，把三者联系在一起的线索是“红烧”。

环境和人是包裹与被包裹的关系，家长和孩子之间的沟通是“互动”的关系，动力和控制力是一起发力的关系。

本书中，我们详细分析了教育全局中的环境、家长、孩子、教育过程中的动力和控制力等因素，其中，教育过程中的动力和控制力，是最容易被我们忽视的重要力量。我们所做的全部分析，都是为了给我们的行动找到理论依据。

教育是一个整体，包含的内容是多方面的。如图 1－1 所示。

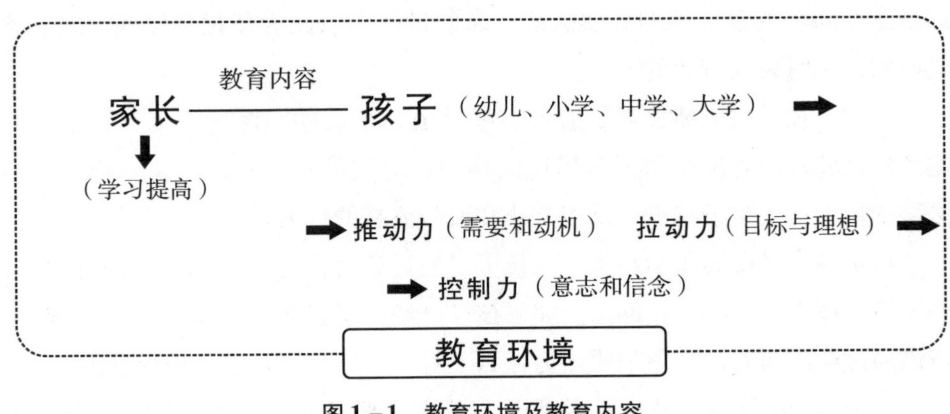

图 1－1　教育环境及教育内容

第一节　教育环境

我们分析教育环境的重要性，目的是让家长对教育环境引起高度重视，促使家长将“认识”落实于“行动”。只有引起了高度的重视，行动才有力度。

教育环境包括学校环境、家庭环境和社会环境。如图 1－2 所示。

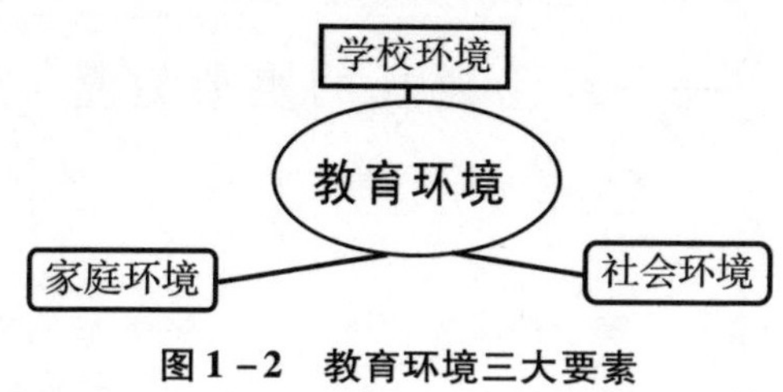

图 1－2　教育环境三大要素

社会大环境影响到教育的小环境。我们虽然无法改变社会大环境，但是却可以改良自己生活的小环境。

一、学校环境

学校环境主要是指整个学校的文化氛围、师资条件、校园建设、师生关系、同学关系等。在孩子就读的学校固定之后，家长应该将着力点放在同学关系、师生关系、老师与家长的关系等方面。

1. 同学关系

通过观察、调查、谈话等方法，了解孩子在同学关系方面的真实情况，即孩子在同学关系方面的真实想法、真实做法，以此为依据，发现问题、预见问题，及时采取有效的办法。

比如，孩子的成绩优异，有没有嘲笑成绩落后的同学的行为；自身的家庭条件比较好，有没有与同学攀比的行为；男孩子有没有弱小自卑或者打架滋事的行为；女孩子有没有挑拨是非和傲慢清高的行为等。

对于孩子错误的同学观念，家长可以通过语言，向其传递其正确的观念，如平等、尊重、关心、互助等。如果孩子已经有了错误的、不当的同学观念，应该通过谈话沟通，让孩子明白为什么不对，引导和监督孩子进行改正。

对于错误的同学观念产生错误的行为，主要是通过沟通来矫正。具体来说，如果错误的同学关系的想法，已经演变成了错误的行为，应通过沟通，使孩子认识到该错误的原因，通过奖惩等手段进行行为矫正。行为矫正之前的充分沟通是必要的、必需的。

以上同学关系方面的教育，我们用图形表达。如图 1 –3 所示。

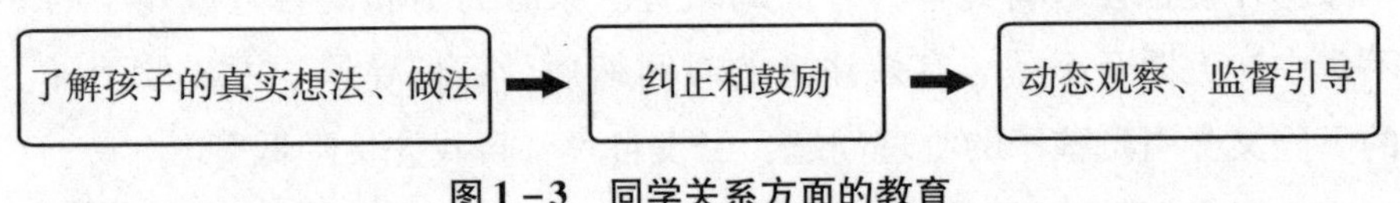

图 1 –3　同学关系方面的教育

2. 师生关系

引导孩子正确对待老师，形成正确的观点和做法。引导孩子，做到对老师的尊重、爱戴，在教学过程中，鼓励孩子敢于提问、独立思考、勇于表达自己的想法。

另外，优良的班级文化也是很重要的。优良班级文化的主要操作者是教师，如果家长与老师的沟通顺畅，家长的辅助作用也不可小觑。在优良的班级文化中，孩子们可以积极地发言，通畅地沟通，快乐地学习。孩子之间互助友好，有利于孩子的身心健康成长。

3. 家长与老师的关系

处理好家长和老师之间的关系，正确的做法如下：

一是建立通畅的沟通渠道。根据具体条件，通过当面沟通、书信交流、手机、网络等方式，建立顺畅的双向沟通渠道。家长应该知道老师的电话号码，要主动发短信、打电话关心孩子的情况。

二是保持通畅的沟通。我们要争取做到定时沟通，大事件必沟通，共同协商制定教育措施，共同努力抓落实等。孩子有什么明显的消极反应，家长和老师都应该及时进行沟通，找准原因、及时处理。

三是找准自己的位置。发挥教师对学生的影响力，家长找准定位，努力配合执行。家长的很多想法可以通过教师对孩子发出指令，特别是对小学儿童而言，老师的话比较管用。学校之外的作业、复习、预习是在家里完成的，家长要配合好老师的工作。

二、家庭环境

家庭环境是我们关注的重点，其与孩子的身心健康密切相关。在教育这个全局中，家庭环境处于至关重要的位置。

我们把教育的内容划分为智力和非智力两大板块，家庭环境对非智力方面的教育有着直接的影响，非智力是指道德品质、意志信念、行为习惯、目标和理想等。

家庭环境也会影响到智力方面的教育。家庭的不和谐会造成孩子的注意力不集中、上课开小差、有效注意的时间缩短，容易导致学习成绩下降。成绩的下降又会引发孩子的心理问题，引发自卑、自我评价降低等。

家庭环境主要由亲子关系、夫妻关系、家长与家长的长辈的关系三部分组成。

1. 亲子关系

亲子关系主要体现在家庭教养方式上。通常，我们把家庭教养方式分为三种：专制型、放任型和民主型。

（1）专制型。专制型的教养方式表现为父母对孩子的行为过多地干预，不鼓励孩子提问、探索、冒险及主动做事，对孩子较少的关心和鼓励，过多的处罚和限制。这种家庭的孩子从小缺乏独立思考的训练，缺少父母的温情，缺少独立选择的机会，很多孩子不懂得如何恰当表达自己的情绪、想法，多表现出焦虑和压抑。如图 1－4 所示。

图 1－4　专制型教养方式

（2）放任型。家长对孩子在做事、道德规范、与人相处方面没有始终如一的规矩，奖惩无规律。孩子享有很大的自主权，没有规矩限制，孩子有时候不知道错在何处，结果使得孩子较缺乏自制力，独断横行，以自己为中心，经常出现攻击行为。

（3）民主型。有严格的、始终如一的说法和做法，有严明的奖惩规定，暗示孩子“世界是有规则的”，有些规则是必须遵守的，违反了就要受到惩罚。同时，对于非原则的小事情，尊重孩子的选择，平时注意与孩子的沟通接触，鼓励孩子探索和创新，生活上给孩子以关心和鼓励，对初次犯错和小错误给予宽容的态度。

通过对三种家庭教养方式的分析，我们可以看出它们之间的不同点：

一是沟通方式。亲子之间的沟通是教育的基础，是最广泛的话题，我们的主张是双向的虚实互动、平等坦诚、相互尊重。

二是自主程度。孩子的自主程度如何、是什么样的自主，这是三种教养方式的重要区别。没有任何约束的自由选择，就是放任。我们主张以“善于选择、勇于承担”的标准进行教育。给你选择权，但是你做了决定、做了选择，你就要对你的决定负责，承担决定的结果。对于非原则的小事情，给孩子充分的自主选择权，引导孩子通过事后的总结，最终做到“善于选择”。

三是对于原则和规范的要求。我们主张严格要求、始终如一。

如何形成民主的教养方式和家庭氛围呢？如图1－5所示。

图1－5　民主教养方式和家庭氛围的形成路径

家长的观念转变，要落实到行动的转变上，从“知”到“行”是有难度的。

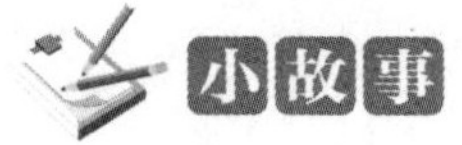

让人羡慕的家庭教养方式

阿勇、阿文、阿果是一起长大的好朋友，三人长大后分别成家立业，娶妻生子。三个人的孩子都在一个学校读书，事情很凑巧，三个家庭分别实行了三种不同的教养方式。

阿勇的家教很严格，家里常备一根“打儿棍”，阿勇爸爸的“横眉竖眼”经常让孩子胆战心惊。

阿文的妻子经过了两次意外流产，好不容易生下一个宝贝儿子，自然疼爱有加。小孩子在三岁以前都是天真可爱的，在三岁之后到五岁是人生的第一个独立期，阿文并没有对孩子的小脾气进行约束管教，到了上小学的年龄，阿文的儿子已经养成了任性、蛮横的坏习惯，阿文一家也很头疼，但觉得孩子还小，就没有特别在意。

阿果不懂教育，也没有读过几天书，但是他很不赞成阿勇对孩子的打骂，也不赞成阿文对孩子的溺爱。一次偶然的机会，阿果看到一位教育专家的话："严在该严处，爱在细微处。要尊重孩子，凡事多与孩子沟通。"于是，阿果把两个好朋友的情况进行了综合，即在原则问题上对孩子非常严格，比如尊敬长辈、"重要的事情先做"等，而在生活细节上对孩子悉心照料，在非原则问题上尊重孩子的选择，凡事都与孩子沟通。阿果的教育方式，在孩子16岁初中毕业的时候，就已经结出了硕果，一个独立、能干、聪明懂事的"小阿果"受到大家的称赞。

阿文很羡慕阿果家孩子的独立与遵守规范，阿勇很羡慕阿果家父子之间的朋友关系，阿文和阿勇都想改变。他们能够做到吗？

人的教育具有不可逆性，人的改变是可能的，但是难度也是超乎想象的。

"让人羡慕的家庭教养方式"故事情节，如图1－6所示。

图1－6　"让人羡慕的家庭教养方式"故事情节示意

2. 夫妻关系

父母之间相处的情景，是一幅幅的画面，孩子的眼睛就像一部摄像机，把这些画面深深印在自己的脑海中。

父母之间的关系会影响到孩子的身心健康。父母的和谐恩爱，给孩子树立了良好的榜样；家庭的温暖和谐，给孩子以足够的安全感，孩子有了安全感才能真正地信任他人、信任社会、建立自信。

立足于行动，打造和谐、稳定、幸福的家庭就是我们的目标。

3. 家长与家长的长辈的关系

树立尊老孝亲的典范形象，亲老爱老的典范作用会影响孩子的一生。家长在做，孩子在看。你希望孩子长大以后，怎样对待你，你就这样去对待你的长辈们吧。

三、社会环境

社会环境主要是指孩子离开学校后，与其他玩伴之间的关系，以及家庭住所周边的社会环境。

正确的做法是，远离有害环境、远离不良伙伴、选择有利于孩子身心健康的小伙伴，密切关注孩子的业余活动内容，对孩子的不当行为和想法及时纠正。

同时，还要注意“有形环境”的塑造，主要包括校园、家庭实体环境，给孩子提供光线良好、安静学习、独立思考的硬件设施。

其他对孩子可能产生影响的环境因素，也应该引起家长的高度重视，如远离暴力、血腥、色情的有害电影电视节目和游戏，远离消极价值观的人群。

第二节　家长

教师也是自己孩子的家长。家长是教育活动的主体，决定了教育的结果。我们强调一切都以行动为主，就应该分析家庭教育的操作者——家长。

“自觉学习、一起成长”，这是对家长的特别要求，要求家长学习教育知识。如图 1 – 7 所示。

图 1－7　陪着孩子一起成长

教师通过专业的学习，大脑里有了教育的框架。但是在应试教育的大环境下，教师的大部分精力用于对学生进行知识的灌输。如果孩子能够遇到重视素质教育的老师，那要算是十分幸运的事情了。

“让孩子在学校教育中就接受全面的素质教育”，目前还只是我们的一厢情愿。

全面落实素质教育，需要教育大环境的改变。教育体制和机制方面的改革是国家层面的事情，是个长期的事情。

作为家长，应该找准自己的位置，好的结果不是等来的，而是“做”出来的，不妨先行动起来，以行动为主。

任何行动都不能盲目进行，我们应该依据教育规律，认真分析自己所处的小环境，分析孩子的身心特点，分析我们具备的条件和缺少的条件，在此基础上，制订行动的方案。

不管是教师还是普通家长，都应该取得教育孩子的“资格证”。广大经济落后地区、农村地区的家长素质的提高仍是一个难题。

一、掌握正确的教育理念

1. 认清“以知识为本”的弊端，树立“以人为本”的教育理念

教育要立足人的全面发展，就要坚持“以人为本”。教育的核心是培养孩子健康的人格，我们自己要行动起来，补充应试教育中没有的内容。

请看这样一个单项选择题：你希望孩子成为什么样的人？答案有四：一是具有健全人格的普通人；二是读书时就有商业头脑的聪明人；三是知识丰富的考试专家；四是德才兼备的人才。

这四种答案代表了四种教育理念。如果只能选择其中一项，很多家长就会犯难。如果立足于人的全面发展，把教育看成一个整体，以上四点我们都可以得到。

2. 家庭成员之间的配合

这种配合，主要是指父母之间、父母和祖辈之间的配合。

但是，人们一种错误的想法和做法，就是认为教育孩子是女人和老人的事情，男人应该挣钱养家、为事业而打拼。

普遍存在从正面和“做加法”的角度来分析父亲和母亲的配合：我们的教育除了防止“做减法”、防止出问题，主要目的是“做加法”，即培养孩子优秀的能力和素养。父亲代表了英雄顽强、坚持不懈、责任担当、原则规范、不可侵犯等特质，母亲则代表了温柔似水、包容关爱、温暖安全等特质。父爱如山，母爱似水。比如，意志和信念的培养过程中，需要有父亲的严格要求，也需要母亲的关爱与鼓励。创新能力的培养中，需要母亲的细心引导，也需要父亲的鞭策。

关于隔代教育的问题，前人已经论述得很多了。隔代教育的弊端主要体现在：在孩子成长过程中，行为准则、道德准则等规则的执行不一致，容易给孩子造成“世界没有规则”的错觉；祖辈对孩子溺爱的家庭教养方式，容易促使孩子形成任性的性格，为以后的成长埋下祸患；祖辈无法对孩子进行合适的智力教育和非智力教育，如认知的能力、解决问题的能力、创新的能力、理想信念的教育、意志品质的教育等，老年人都无法高质量地完成。

关于家庭教育中父亲和母亲的配合，我们可以从一些反面例子中悟出一些道理。如果父母某一方的教育严重缺失，一些孩子长大以后，就有了很严重的“恋父、恋母”的心理倾向，这种情况与单亲家庭的孩子类似。比如，有的男孩子或者女孩子长大以后，疯狂地爱上了比自己大十几岁的异性，主要原因就是童年、少年阶段母爱或者父爱的缺失。

二、落实教育的时间和空间

著名教育家马弘毅先生说：“进行家庭教育，如同认真兴办一项事业，要付出辛勤劳动。不付出代价（智慧、精力、时间、机会、财富），就想得到好结果，那是一点也不可能的。”

手机的故事

女儿16岁了，也想买一个邻桌同学那样的手机，但是父母的收入不高，并没有同意孩子的要求。晚饭后，女儿找父亲谈话，她想再次提出自己的请求，也想知道父亲的真实想法。女儿轻轻地敲门，爸爸和往常一样在阅读当天的报纸。虽然家里并不富裕，但是《华西都市报》《南方周末》《新周刊》这几份报纸和杂志却没有中断过。女儿和父亲之间的关系就像朋友一样，妈妈常常带着妒忌的口气，开玩笑说女儿抢走了她的爱。

父亲站起身，伸出双手握住女儿的双肩，让女儿坐在椅子上，自己则坐在了床边，然后说："像小时候一样，爸爸今天给你讲一个故事，关于一部手机的故事。"

父亲接着说道："有一个男孩子在上大学的时候，不知道为什么，鬼使神差地选择了一个和大山打交道的专业，其实这个专业并不一定都在野外工作，但是这个男孩子运气不好，毕业后的多年里一直在野外从事艰苦的矿产勘探，以至于结婚后也不能守在妻子和孩子身边。直到有一天，他在山区的小镇上和女儿通电话，电话中女儿的一句话深深地刺痛了他：'爸爸你别回来了，我都已经想不起你的样子了，我要重新找一个爸爸。'后来妻子说，她也不知道女儿为什么突然冒出这样一句话。之后的几个夜里，这个父亲辗转难眠。后来他毅然辞职回到妻女身边，原有的专业已经找不到合适的工作，他选择了做一名普通的工人，虽然收入不高，一家人却过得很幸福。但是女儿一天天长大，有一天女儿提出要买一部新式的手机，这位工人父亲却犯难了。但是他还是决定，要满足女儿的心愿。"

听到这里，女儿的眼中已经噙满了泪水。"手机可以不买了。"女儿说。

"要买，只是要再等一段时间，爸爸回到你身边陪你一起长大，就是为了给你幸福。"爸爸说。

"手机的故事"故事情节，如图1-8所示。

图1-8 “手机的故事”故事情节示意

教育是做事，不能停留于口头上的空谈。时间和空间条件是做事的必要条件，也是容易被人忽视的条件。

时间方面，我们可以“聚零成整、聚少成多”。空间方面，我们要借助现代交通、通信的发展，拉近空间的距离，利用电话、网络保持与孩子的密切沟通，用好节假日多与孩子相处。

树立重视教育的意识，可以促使我们想办法解决教育时间和空间的问题。只要有心，就会有办法。

重视教育的高度责任心，可以促使我们开动脑筋，挤出时间，用爱心铺筑一条教育之路。不妨试试以下几个方法。

1. 学习反面案例

学习缺乏教育、教子无方所导致的真实的反面案例，刺激家长将警醒变成行动。

2. 假想痛苦场景

假想教育无方、教育失败的痛苦场景，如下一代不能独立生活、危害社会、违法犯罪等。

痛苦和不愉快可以刺激人觉醒。

3. 建立紧迫感

时间一去不回，教育具有不可逆性，错过了教育的关键期，会付出千百倍的努力，甚至无能为力、无可奈何。

关键期是教育学里面的一个专用名词，是指在人的成长过程中，某种能力形成的关键时间段。错过了这个时间段，这些能力就不能形成，或者很难形成。有一个狼孩的故事，叙述了一个婴儿被狼叼走，被当作小狼喂养，错过了学习语言关键期，后来这个小孩回到人群以后，仍无法学会人类的语言。

小学高年级，孩子们会出现言行一致和言行不一致的分化，在这个关键期，家长对孩子撒谎的行为进行及时的纠正异常重要。

孩子在初中阶段进入青春期，渴望独立，容易出现亲子之间的沟通障碍，在青春期没有到来之前的年龄段（10～12 岁）就提前准备，提前处置，与孩子建立良好的互动沟通，打造民主的家庭教养方式，是应对孩子青春期叛逆的有效方法。

三、打造对孩子的影响力

家长的榜样作用是公认的，身教重要于言教。

在教育过程中，家长教给了孩子多少内容并不重要，重要的是孩子接收了多少内容。家长对孩子有了影响力，孩子处于接收状态，教育活动才会有成效。

良好的亲子关系是亲子之间互动沟通的前提。对于这一点，我们在后面会有详细的论述。

四、学习基本的沟通技巧

要做到与孩子之间的深度沟通，家长请先思考是否做到了以下几点：

第一，在思维上换位思考，多站在孩子的角度想问题。

第二，在做法上平等尊重，不专制、不强加观点，不强人所难，尊重对方的想法和价值观。

第三，在态度上坦诚相待，诚实守信。

沟通是一种双方参与的来回运动。深切的关怀提问、关切的眼神、深情的抚慰是一种表达；认真倾听、各种身体语言的反应等，就是一种回应。表达与回应就是双方参与的来回运动。

1. 学会表达

发问：开放式问题、封闭式问题、反问、设问、探索性提问、关怀性询问。

比如询问刚上初一的孩子：在学校有没有谈得来的同学啊？有没有人欺负你啊？你更喜欢哪些学科的任课老师呢？设问：如果你发现自己很有数学天赋，你会怎么办？反问：他们是做错了，难道你没有想过，换作是你，你也会犯同样的错误？开放式问题：我们一起来想一想，如何解决小区里乱按喇叭的问题吧……

陈述观点：对某些事、某些人、某些现象、某些做法，表达自己的想法。

家长表达某些观点，可以引来孩子的发问或者反馈，这就是制造沟通的好机会。

相互讨论：设定讨论的话题，各自发表观点，达成一致观点或者保留各自的观点。

比如，与小学生讨论橡皮泥怎么使用，与中学生讨论隔壁班的学生为什么喜欢打架，与大学生讨论英语四级放在哪一年去考。

讨论话题的设置，应该是孩子感兴趣的内容。

2. 学会回应

倾听本就是一种回应。回应包括语言、表情等身体语言的回应，也包括实际行动的回应。比如我们听完孩子的叙述之后，要表达自己的观点，或者有所行动。

“只有学会听，对方才会说。”家长在倾听的时候，认真、专注的面部表情，可以促使孩子认真地讲下去。

五、对照三段式教育方法，弥补不足部分

本书的核心方法中，有一个简单有效的模型：掌握规律—做—坚持做。

家长可以把自己对孩子的教育，与这个模型进行对比，从中对照发现自己的问题。知识不足的，要学习知识。不会用知识的，要在实践中总结经验，改正错误。不能坚持做的，要制订计划，只有坚持做才能产生实效。

第三节　孩子

孩子们是教育活动的参与者，他们是“受教育者”。

现代武器的发展，可以对目标进行精确打击，比如导弹的攻击范围可以精确到几米之内。家长只有对孩子进行深入分析，才可以实现教育的准确

无误。

一、独立的人

孩子是具有生命特征的独立的人，不是装知识的“容器”。尊重人格、平等相待就是给孩子尊严。尊严比太阳的光辉还要重要。

只有家长单方面使劲是无法实现双向互动的。家长让孩子洗碗扫地，培养孩子独立生活、热爱劳动的情操，但孩子不听使唤，或者不情愿地敷衍完成，孩子的心理是消极的、被动的，说明家长和孩子之间没有实现真正的互动。

目标：通过家长的努力，通过亲子双方的互动，实现亲子之间的深度沟通，发挥孩子的积极性、自觉性、创造性。

这是素质教育的基础。

比如，英语任课教师在课堂上骂了学生，伤了学生的自尊心，学生感觉很没有面子，开始讨厌甚至怨恨这个老师，师生之间有了障碍，他们之间要想在英语学习上深入沟通是很难的。

再如，家长经常说一套做一套，孩子看在眼里，记在心里。有一天，家长心血来潮，想教育孩子要诚信、做人要表里如一。试想，这种情况下，孩子会有怎样的反应呢?

在学习上，孩子的积极性和自觉性调动起来之后，就会从“要我学”变成“我要学”。

通过以上的分析，落实于行动，家长“怎么做”呢?

1. 思考和反省

家长可以对照以上几点，反省过去的错误，树立正确的观念，思考正确的做法。比如过去都是居高临下地训斥，现在要变成平等、坦诚地对话。

2. 落实于行动

切实做到与孩子平等相待、相互尊重；凡事都尽量通过平等的讨论、双向的互动，达成一致的看法，形成口头的约定；积极引导，最大限度地发挥孩子的积极性、主动性和创造性。

家长要对孩子的尊重和坦诚，一定可以换来孩子对我们的爱戴。

相信，落实素质教育的行动要点，如图 1 - 9 所示。

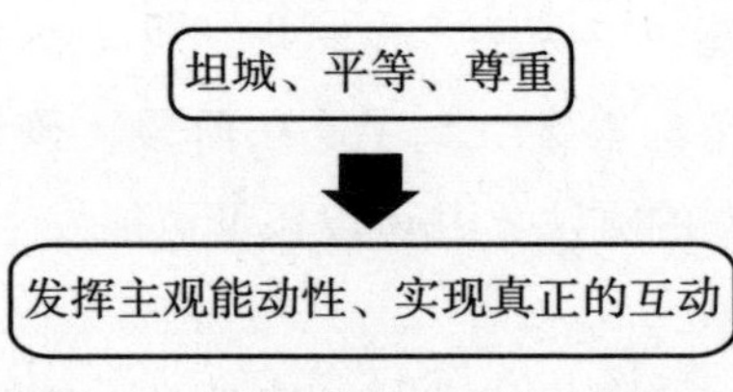

图1－9　落实素质教育的行动要点

二、成长中的人

人从出生呱呱落地，到自强自立、独立承担社会责任，要经历一个成长阶段。《发展心理学》将人的成长过程，划分为如下几个阶段：婴儿—幼儿—少年—青年早期—青年中晚期—中老年→

我们从易于操作的角度对年龄阶段进行了再次划分：

婴儿—幼儿—小学—中学—大学及成年初期→

我们把初中和高中阶段进行了合并，统称为中学阶段。

1. 不同阶段的防范重点不同，教育重点也不同

这里的“防范”是指防止孩子成长过程中各问题的发生，防止在人生中“做减法”。比如网络游戏的成瘾、青少年犯罪、早恋、焦虑、抑郁、自闭等心理疾病。

我们要培养孩子的能力和素养，这是为人生“做加法”，同时也要防止孩子在成长过程中出问题，防止“做减法”。

幼儿时期的重点是健康成长；小学是各种能力和素养的萌芽期，是打基础的重要阶段；中学是各种能力和素养发展阶段；大学是各种能力和素养的成形、定型、稳固阶段。

比如，观察能力的萌芽是在幼儿和小学阶段，综合的分析判断能力的形成主要是在中学阶段。

2. 人在各个成长阶段，具有不同的身心特点

同样的教育内容，在不同年龄阶段，因孩子身心特点不同，教育方法、教育目标也不同。

以“目标和理想的教育”为例，人在幼儿期的目标设定是随意的。小学阶段的儿童，对人生理想的概念也是非常模糊，“长大了要当医生、科学家”的理想，有时候只是应付大人的提问。人生理想在成年后才逐渐定型、稳固。

再以“解决问题的能力”为例，在幼儿时期，如何解决已经发生的问题，小孩子只能给出一些简单的答案，到了高中阶段，孩子可以全面分析问题产生的原因，找到解决问题的方法，并可以预见可能发生的问题。

3. 我们“怎么做”

（1）通过学习，掌握人在各个成长阶段的身心特点。

家长要通过学习找到教育的关键期、关键环节、注意要点。

比如，学习了青春期叛逆的原因之一——孩子的个性主张和做法得不到关注，得不到尊重，得不到许可，家长就可以有针对性地想办法，多关心孩子，多理解孩子的想法和做法，多尊重孩子的选择。这样一来，所谓的“青春期叛逆”就不会剧烈地爆发。

（2）结合各个年龄阶段的特点，制订教育的计划、安排教育内容。

如果对教育的内容不进行细分，家长会感觉到什么都应该教，对轻重缓急就把握不准，导致教育的内容杂乱无章，甚至无从下手。

教育所涉及的内容，如图1－10所示。

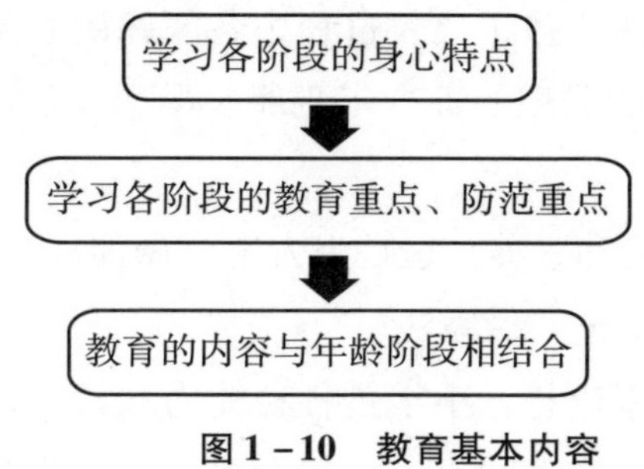

图1－10　教育基本内容

爸爸，我这次说的是真的

调皮贪玩是小学儿童的特点，我们不要期望小学儿童变得理智。

又是周末了，波波又打电话来说肚子有点痛，今天不想去补英语了，父亲听了一下子就火了。在父亲的眼里，孩子三番五次地找理由逃避补课，就是想在家里看动画片、上网打游戏。父亲在电话里恶狠狠地丢下一句“你爬也要给我爬去”，就挂断了电话。为了在小学升初中的考试中取得好成绩，父亲给波波选补了英语和奥数，并一次性交了四、五、六年级三年的学费，这样可以有一定的打折优惠。好一点的初中，如果不是招生范围，额外的招考中也没有考上的话，要交两万元以上不等的费用。

老师打电话来说波波去补习英语了，但是等同学们都解散离开的时候，波波却坐在原座位上说肚子痛而动弹不得。父亲赶到的时候，发现孩子脸色发白，额头上有豆大的汗珠。“爸爸，我这次没有撒谎，我这次说的是真的。”儿子弱弱地说道。

“爸爸，我这次说的是真的”故事情节，如图 1－11 所示。

图 1－11　“爸爸，我这次说的是真的”故事情节示意

第四节　教育中的动力

我们都知道，兴趣是最好的老师。兴趣就是孩子的动力之一。但是仅有兴趣是不够的，孩子不可能对每样东西都感兴趣。那么，孩子做事的动力究竟来自哪里呢？

针对此，家长掌握简单的心理学知识是必要的、必需的。

对于幼儿、小学儿童和初中的青少年，他们的自觉性不足，需要家长和老师对他们施加推动力。

对于高中、大学及成年初期的人，已经有了一定的自我管理能力，前方的目标对他们有了一定的牵引作用，目标会对他们产生拉动力。

推动孩子的动力因素，如图 1－12 所示。

图 1－12　动力因素图解

以学习为例。孩子的学习行为，不管是内化的主动学习，还是外部推动力下的被动学习，都有行动背后的动力规律。

对于教育理论，不能理解就无法应用。我们将教育的动力规律进行了简化处理，即使简化了，仍然有一点枯燥，但是为了孩子，还是请沉下心来，学一学这些很有含金量的知识吧。

一、推动力：满足需要和找准动机

1. 需要

需要表现为某种“缺乏”或“不平衡”的状态，这是人们对客观事物的需求。如口渴了想喝水，寂寞了想找人说说话，乐学的人学而不倦，孩子希望得到父母的关爱，等等。

需要是心理学中最基础的概念。

2. 内在驱动力和诱因

某些需要很模糊，表现为某种愿望。这些愿望如果仅停留于头脑，而不付诸行动，还是不能成为行动的驱动力。

比如，小孩子很想去爬雪山，在雪地里打雪仗，起初这只是一个愿望。

如果家长提出将这个愿望作为一种奖励，这个原先很模糊的愿望就变成了行动的动力。

与动机有密切关系的两个概念是内驱力和诱因。

人饿了就想觅食，饥饿让人产生“不平衡感”和“缺乏感”，这种不平衡感和缺乏感产生的推动力，就是内驱力。

人饥饿时想要的外在刺激物是食物，如馒头、香喷喷的米饭、回锅肉等，这些能够满足不平衡感或者缺乏感的外在刺激物，就是诱因。

既有内驱力，又有外在的诱因，人就可以产生行动的动机。二者缺一不可。如图 1－13 所示。

内驱力 某种不平衡的感觉　（饥饿感）

外在诱因 能够满足某种不平衡感的外在刺激物　（馒头）

内驱力+诱因=动机
（饥饿感+馒头=动机）

图 1－13　内驱力与诱因

妈妈，我好想读书

英子一直闹着要继续读书的原因很简单，她很喜欢教语文的班主任张老师。张老师说英子是块读书的料，大山里这样聪慧的孩子真是不多见了。她经常给英子带好吃的东西，这些好吃的只有在城里才能买到。张老师走了很远的山路到英子的家里做家访，想说服英子的父母让英子继续读书。

英子说她会永远记住张老师的样子，等将来有了孩子，把孩子养大后也要让他当张老师的学生。张老师感动得流下了泪水。“现在学费、课本和作业本的费用都免了，大山里的孩子们想读书，家长的观念却出现问题了。城里的孩子们不想学，城里的家长们却偏要给孩子们补习这个、补习那个。这个世界到底怎么了？”

英子为老师擦眼泪，拍着老师的后背安慰道：“老师不哭，不要紧，一切都会好起来的。”英子看到张老师笑了。过了几年，英子明白了，那种笑叫“苦笑”。

张老师对英子的关爱，让英子形成了巨大的学习推动力。

“妈妈，我好想读书”故事情节，如图1－14所示。

图1－14　“妈妈，我好想读书”故事情节示意

对于幼儿、小学、初中阶段的儿童，我们可以对他们的动机进行干预、施加影响，施以外在的推动力。落实到行动上，怎么做呢？

推动力：推动着孩子去做，发力者是家长和教师。

做法：满足需要、找准动机。

（1）满足需要。首先我们要分析孩子的需要，比如主要需要和次要需要，在学校的需要、在家里的需要、情感的需要、满足虚荣心的需要、希望被肯定的需要等。

比如，小学生希望得到老师的表扬，有这方面的内在需要；希望得到家长的奖励，家长可以承诺某种奖励的物品，让孩子有渴望得到奖品的动机。

比如，与孩子商量好，只要孩子认真做事、认真完成课后作业，不管考试成绩如何，只要坚持做一个月就有奖励，坚持做两个月就有更大的奖励。

根据马斯洛的需求规律，人的第一需求是吃喝拉撒等基本的生理需求，第二是安全的需求。黑夜里、雷雨天小孩子会紧紧地抱住家长，这是安全的需求。小孩子希望得到父亲的关爱，抚摸、拥抱、亲吻可以满足孩子这方面的需求。孩子希望得到老师的肯定，成绩提高了会得到老师的表扬，所以"努力学习"就可以满足这个需求。

（2）找准动机。根据具体情况，启动孩子的内驱力，启发孩子的兴趣，提供适当的诱因。

兴趣是最好的老师。兴趣可以通过外力引发，这就是引发兴趣，找准动机。

家长要充分考虑孩子的兴趣、动机，通过满足他们的需要，找准他们的动机，进而合理设置外在的"诱因"，推动他们向前。

孩子的兴趣和爱好决定了"动机的强度"，这一点常常被家长忽视。换位思考，就是要站在孩子的角度，思考他们的兴趣和爱好。家长单方面的想法，不一定是孩子想要的。同时，提供最恰当的诱因。诱因是可以满足孩子们需要的外化物品。

例如，同桌有了新的足球鞋，孩子也想拥有，不平衡感和缺乏感产生了。这时，家长就可将"新足球鞋"作为诱因，作为奖励孩子的物品。另外，家长还要干预影响动机的其他条件。

二、拉动力：目标和理想

一切行动都是有目的的，这个目的往往表现为某个目标和理想，没有理想就没有方向，没有目标，就如同方向盘失灵的航船在大海上随波漂流。

许多年轻人都有个明星梦，这个目标拉动着他们去努力奋斗。成年人的意志能力更强，可以通过自觉自律，将对目标和理想的不懈追求"内化"为内在动力。

大目标可以分解为小目标，一个一个地实现，一步一步地向前推进，这种方法叫作"小步子前进"。

目标和理想的牵引作用是非常明显的，对于这一点，我们无须更多的语言进行论证。在幼儿和小学阶段，就给孩子种下梦想的种子，将会对孩子的一生产生深远的影响。

目标指引我们走出迷途，目标带给我们希望，目标带给我们动力。如图1－15所示。

图1－15　目标的引导作用

目标和理想会对我们产生明显的拉动力。

拉动力：拉动、牵引着孩子去做努力。在家长和教师的引导下，孩子自己为实现目标理想而努力。

做法：根据孩子的特点，经过互动沟通，一起设定合适的目标和理想，引导孩子为实现目标和理想而努力。

理想是人们对未来“有可能实现”的奋斗目标的向往、追求。理想是以信念为基础的，相信理想的正确性和可以实现的真实性，人们才会为了理想而努力奋斗。比如，我们相信了勤劳和节俭的正确性，就会坚持这样的做法。

为实现短期目标的努力，是实现人生理想的基础。所以，我们可以与孩子一起设定短期目标，制订行动的计划，将计划落实于行动，随着孩子年龄的增长，逐渐引导孩子设定人生的奋斗目标——人生理想。

在实现人生理想的过程中，行动上尽最大的努力，争取目标的实现，心态上坦然面对一切最终结果。

“设定目标—落实于行动—努力奋斗—实现目标”，这种经历的反复实现，可以促使孩子产生追求目标的坚定信念，相信实现目标的真实性。

比如，孩子的英语成绩很糟糕，家长就可以对孩子说，以后长大了我们要去国外旅游、玩耍，英语学得好，我们可以和外国人深入地交流，可以深入了解这个国家的方方面面，引导孩子对英语学习产生需要、产生兴趣。然后，按上面的步骤去设定目标、行动，只要行动就会有结果，再遵循小步子前进的思路，鼓励孩子的每一个进步。

善于设定适合自己的目标，这需要对自己进行正确的评价，对外界的其他条件做出正确的判断。

启动人的内驱力，发挥人的主观能动性，促使人在坚强信念的支撑下，积极、自觉地为着目标和理想而努力奋斗，就是我们努力的方向、教育的目标。

一个成年人，能否设定符合自己的人生目标，决定了他人生的高度。在操作细节上，在实现人生理想的过程中，还要不断地对目标进行调整。

第五节　教育中的控制力

汽车在前进过程中，发动机提供了前进的动力，刹车和方向盘有很强的控制力。

站在孩子们的立场上，在他们顺利完成学业、健康成长的过程中，“目标和理想”拉动着他们前进，“需要和动机”推动着他们前进。这些是人成长过程中的动力。但是，我们要将计划付诸行动，行动过程中会面临很多的困难和干扰。

体育运动可以增强体质，可以锻炼人的意志，但会让人腰酸腿疼、疲惫流汗。

学习地理、历史、政治等文科知识，需要记忆和背诵，记忆和背诵需要花费时间和精力，需要控制自己的行动。

学习数学对于很多人来说是枯燥的，需要沉下心来，冷静地思考，我们需要控制自己的精神状态。

不良的情绪会影响我们行动的效率，对情绪的调节控制也需要控制力发挥作用。

这些自我调节、自我控制，就是我们要讲的控制力。

其实，目标和理想也有一定的控制力作用，但目标和理想的主要功能是导向功能、动力功能。

教育中的控制力因素，如图 1－16 所示。

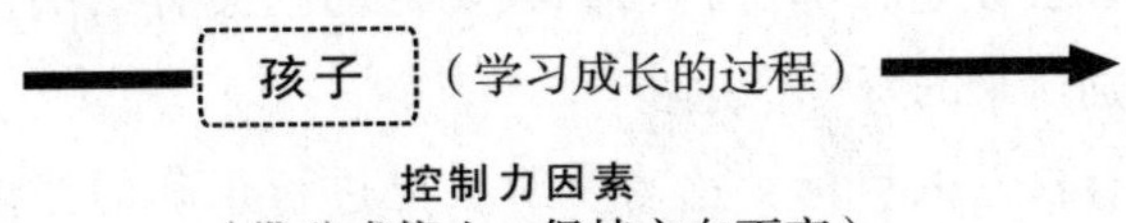

控制力因素
（发动或停止、保持方向不变）

图 1－16　教育中的控制力因素

我们将意志和信念确定为教育过程中主要的控制力。那什么是人生中最重要的控制力呢？这是一个开放式的话题。

理论上无休无止的争论往往源于评判的标准不同、划分的依据不同。对同一个人的肯定或者否定，以“钱多钱少”为标准还是以“忠孝仁义”为标准，得出来的结论可能是不同的。对于教育而言，如果我们把标准定为“易于操作”，就可以跳出理论划分之争。

把“易于操作”作为标准，如何划分最好，就没有标准答案。理由是：家长的具体情况不同，答案就不同。因为家长是教育的操作主体。

你认为这样划分操作起来容易，而我认为这样划分操作起来更容易——操作主体的具体情况有千万种，千万种答案，就相当于没有答案。

是否真的“易于操作”，一试便知，实践是唯一标准。瞄准实践，跳出理论之争。

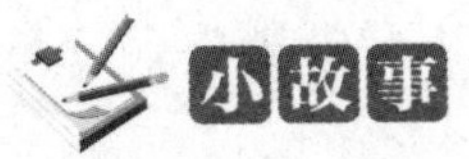

如果我能活下去

地震发生的前一分钟，王二娃满脑子里想的是如何报仇，他要找打他的那个高年级的男生报仇。二娃一直在想，是在半道里来个突然袭击呢，还是跟踪他，往他家的锁眼里注胶水呢。正在他左思右想的时候，地震来了。

王二娃醒来的时候，四周一片漆黑，其实他是被痛醒的。二娃的身体上面部分还能移动，只是左脚被压住了。要是在平时，他早就扯开嗓子叫娘了。

二娃已经分不清是白天还是黑夜，反正四处是一片漆黑。在这样的处境之下，他突然想起了体育老师的话："意志力是世界上最强大的力量，意志力就是控制你自己的能力，主宰你自己的能力。"当初听不懂的话，现在突然变得清楚明白了。这个长相斯文的体育老师，打篮球是可以打满全场的，二娃亲自听到过别的老师发出的称赞。

又不知道多少时间过去了，二娃已经饿得昏昏沉沉的了，脑袋里开始胡思乱想了，时不时又会想到体育老师说过的那句话。二娃好像一下子成熟了许多，"得找一个让自己坚持下去的理由啊！如果我能活下去，我要去吃一碗正宗的牛肉面，我要去宠物市场买回那只喜欢的鹦鹉……对了，我还要用胶水去封那个家伙的门锁……"

在二娃被救出之后，他才知道，他已经没有机会用胶水去封门锁了。

"如果我能活下去"故事情节，如图 1－17 所示。

图 1－17　"如果我能活下去"故事情节示意

一、意志

1. 意志简述

目标和理想是人们主观设定的东西，主观的目标要想变成现实，必须付诸行动。在实现目标的过程之中，会面对很多的困难和干扰，"意志"就是我们在这个过程中进行的自我组织、自我调节。

我们设定了目标，一天之内登上山顶，登山过程中会有很多困难，身体疲惫不堪，呼吸困难，坡陡路滑，肌肉酸痛……这个实现目标的过程中，不能缺少意志力的作用。

意志执行有两种功能：激励和抑制。

激励功能推动人去做“该做的事”，“该做的事”是指达到最终目的所必需的行动。

抑制功能制止人做不符合目的的事情。

以学生的学习为例，文科落后的学生要补上功课，要有计划地背诵、理解书上的内容，这就要抵制玩耍、游戏、娱乐休闲活动的诱惑，排除其他琐事的干扰，这些“行动”和“干扰的排除”都需要意志力。

意志力表现在 4 个方面：坚韧、自制、独立、果断。我们在后面会详细讲解这四大意志力的教育细节。

2. 影响意志品质的因素

（1）认识因素。认识越深透，行动越有力，越能坚持到底。

目标和理想不是自动产生的，不是任意提出的，常常是认识到某种目标结果对自己有利，才会去主动地设立目标，制订行动计划，并着手行动。对目标、对自己认识得越深透，越有利于保持强大的意志力。

对于高中学生，老师常常把考上好的大学的作用讲得很多、很透，目的是促使学生不怕困难、努力学习，引导学生用强大的意志力“对治”学习中的困难和干扰。

孩子们在有些年龄阶段，比如中学阶段，对语言有了一定的理解能力，可以用语言和孩子直接沟通意志品质的作用。建立重视意志的思想意识：“意志力就是主宰你自己的力量，这是世界上最强大的力量。”——这样的语言，对于初中学生是可以初步理解的。

意志力带你走出逆境与泥潭，寻找人生的金山。如图 1－18 所示。

（2）情感因素。意志可以控制情绪，情绪反过来也会影响人的意志力。

积极的情绪是意志的推动力，受积极的情绪影响，人们表现出坚强的意志。

消极的情绪则可以成为意志的阻力，外部困难和干扰引起的消极情绪，可以动摇和腐蚀人的意志。

比如，学生对不喜欢的老师的课，产生的消极情绪常常让学生不能集中注意力听课。离异、单亲家庭孩子的消极情绪会直接影响到孩子的意志力。一个平时积极乐观的人，可能在打击和逆境中，表现得萎靡不振、悲观消极。

图 1－18　意志力带你走出逆境与泥潭，寻找人生的金山

教育过程中，我们要注意观察孩子的情绪，培养孩子积极的情感。在现实生活中，为实现目标所做的事情，如果是孩子喜欢做的，他们在做事的过程中就会保持顽强的意志力。

（3）动机因素。动机对意志产生推动、激励的作用。

孩子希望得到父母的关爱，父母的关爱会让孩子感到安全，满足孩子爱和归属的需要，需要会引发相应的动机。我们要学习这些基本的原理，了解孩子的需要，找准孩子的动机。

媒体上报道过很多这样的案例，有的小孩子十几岁，要照顾卧病在床的长辈，还要完成学习任务，独立扛起生活的重担，这样超出年龄特点的意志力背后则有强烈的动机的支撑。

动机表明了意志的指向性，即为了什么而坚持。

同样的目标背后，常常有着多种动机，我们要引导孩子制定正确合理的学习动机。比如，同样的目标是提高学习成绩，努力学习背后的动机，可能是为了获得老师的表扬，也可能是维持在同学中的地位形象，青春期的青少年努力学习，甚至可能是为了吸引某个异性同学的关注。

伟大的动机将产生无坚不摧的意志。努力学习的少年，可能有着多种动机。如图 1－19 所示。

3. 意志行动的过程：决定—执行决定

（1）决定。我们采取某种决定有一个过程，不是刹那间完成的。比如，班级中一个学生有攻击行为，经过老师的引导和教育，决定收敛自己的行为，

图 1-19　少年努力学习的多种动机

这个下定决心改正错误的决定，是经过沟通和说服才完成的。家长决定通过美育的方法（艺术、音乐等关于美的教育），陶冶孩子的道德情操，选择什么样的美育形式，需要审慎思考之后，再做最终决定。

下决心也需要意志，但这只是开始。

（2）执行决定。执行决定的阶段常常需要强大的意志。

执行决定需要巨大的智力和体力，并忍受行动带来的不愉快感受。积极有效的行动，要克服个性中原有的消极品质，如懈怠、懒散、拖延、保守等。执行过程中要抵制其他动机、其他诱惑，防止行动脱离原有轨道。

比如，某个成年人，本来是去某酒店考察这个酒店的经营情况，却被酒店正在举行的时装表演吸引住了，一时忘了自己该办的正事。

再如，我们带着小孩子外出郊游，这是个很好的沟通机会，可以促进亲子之间的和谐关系。为了这次活动，我们需要早起，所以就要改掉“周末睡懒觉”的习惯。

二、信念

1. 信念概述

通俗地说，信念就是我们坚信某种东西的真实性、正确性，即坚信不疑的想法，坚信不疑的心态。

只有相信，我们才会有行动。

只有相信，我们才会有坚持不动摇。

信念在人的行动中的调控作用是非常明显的。

比如，很多学生和家长坚信“读书能够改变命运”，相信“书中自有黄金屋，书中自有颜如玉”。学生们非常努力，常常挑灯夜读、废寝忘食。家长们再苦再累，也要供孩子上学。

我们相信“行动才能改变现状”这个理念的正确性，我们就会坚持行动，而杜绝空谈。我们勤奋、不怕麻烦、以行动为主，如果真的有了成就与感悟，我们会更加相信自己的判断，更加坚信这个理念的正确性。这样，我们对“以行动为主、切忌空谈”的信念会越来越坚定。

家长一直坚持兑现自己的承诺，孩子就会对家长的所有承诺坚定地相信，这种相信的力量会发生“迁移”，促使孩子相信家长的其他某些观点。

2. 信念的形成过程

在人的成长过程中，随着年龄的增长，很多零散的观点、想法、亲身经历，经过综合与打包，就变成了信念。这种综合与打包，实质上是量变到质变的过程。比如，木桌上一天又一天的灰尘，层层堆积，最终会完全掩盖住桌面的本来面目。

孩子看到父母经常帮助朋友，在跟父母外出吃饭的时候，看到父母的朋友对自己的父母非常尊重，自己也得到很多好处，比如小礼物、格外的受尊重等，这些亲身经历、耳濡目染，再加上父母平时的教导，会让孩子形成坚定的信念：“帮助别人是正确的事”。

信念的形成，主要是受两方面因素的影响：第一，受别人的观念的影响，特别是权威人士（父母、老师）的影响；第二，自身的经历、实践，让自己产生了某种信念。如图 1－20 所示。

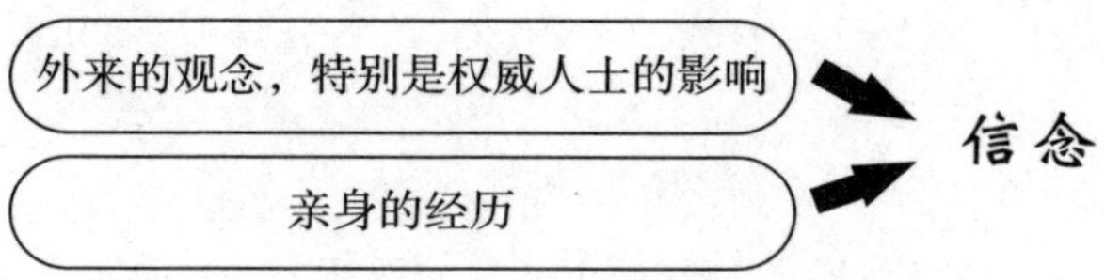

图 1－20　影响信念形成的两方面因素

信念是在人的成长过程中逐渐形成的，在成年的时候定型、稳固。所以成年之前的年龄阶段，是进行信念教育的最佳年龄阶段。在人的成长过程中，输入什么样的观念，促成什么样的亲身经历，我们是可以通过教育活动进行人为干预的。孩子信念的形成过程，在很大程度上是家长可以掌控的过程。

3. 信念和理想

信念和理想的关系总是如影随形，紧密相连。

信念形成后，人就会坚定地为了目标理想的实现而努力奋斗。

我们把信念与理想的关系，比喻为导弹的推进剂与射击目标的关系。如图 1－21 所示。

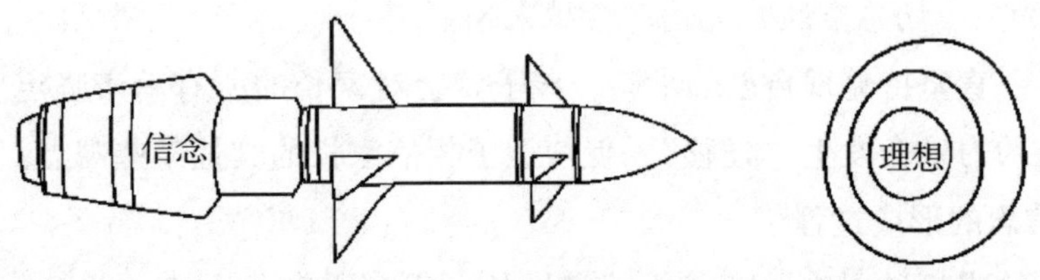

图 1－21　信念是导弹的下部分，是推进剂，理想是远方的射击日标

信念建立在一定的认识基础上。必须看到，社会的某些价值取向，如片面强调财富价值、片面追求社会地位、过分追求成功，且成功的标准单一等，已经对青少年产生了一些消极影响。由此看出，信念的教育任重道远。

意志和信念是决定人的控制力的主要力量。

第二章
总方法
——珍珠项链中间的绳子

教育要回答“教什么”“怎么教”这两大问题，我们把这类问题比喻为珍珠，这部分内容就是串起这些珍珠的“绳子”，是核心和灵魂，是总方法。

“书香门第”往往代代相传。突然富起来的人，在努力奋斗的过程中常常忽视了下一代的教育。无论多大的成功，都无法弥补对孩子教育的缺失。我们必须对教育进行“全局的思考”，就如同“站在山的高处，俯瞰山下的小村庄，整个村庄的全貌一览无余”。国家把这叫作“顶层设计”。我们的目标是把素质教育融入家庭日常生活之中，争取做到素质教育之“教育机会无处不在”。普通的家长，既可以掌握普遍适用的教育方法，也可以学会完整的教育知识。

第一节　面对应试教育，我们怎么办

英国剑桥大学杰出学者约翰·古尔登（John Gurdon）获得诺贝尔医学奖时，回忆到求学时“科学”成绩全班最后一名，被同学讥讽是蠢蛋，老师认为他不可能成为科学家。古尔登 15 岁在知名贵族学校伊顿（Eton）公学求学时，在 250 名学生中，生物科的学业表现最后一名，其他科学相关科目也都是垫后。

很多大中城市的小学升初中的补习班火爆，因为知名的中学录取名额只

有一两千人，报名人数却上万，于是学校就另外进行招生考试，考试的内容是一些“超难题”，于是有了“奥数”补习、英语培训的狂热。

面对分数至上、考试第一的应试教育大环境，普通家长是无可奈何、无能为力的。

我们的思路不是与应试教育进行直接对抗，而是采用了“和而不同”的思路，即治理应试教育带来的后遗症，补充应试教育中缺失的教育内容。

应试教育的大环境犹如一张网，家长和孩子如鱼儿一样无法挣脱。如图2-1所示。

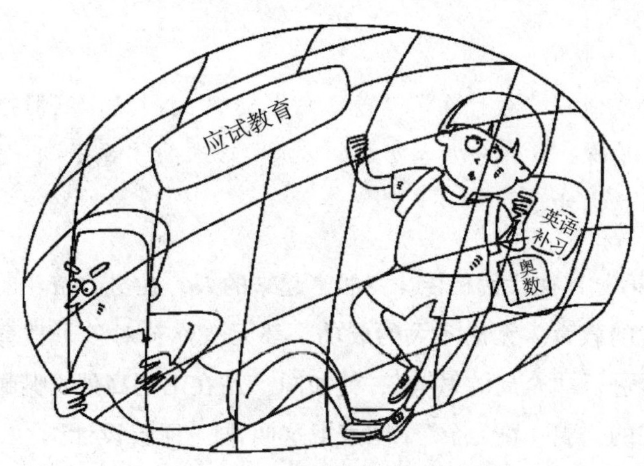

图2-1 渔网般的应试教育

一、应试教育的成因

我们探索现象背后的原因，有一个思路就是先追溯现象的形成历史。比如，分析一个人现在的成败，可以追溯他的童年、少年，他的奋斗史。

应试教育如此“顽固”，有根深蒂固的历史原因。

从明朝起，中国开始实行八股文为固定格式的科举考试，通过科举考试选拔官员。“学而优则仕”，“书中自有黄金屋，书中自有颜如玉”，天下书生都想通过考试改变自己的命运。

科举考试所依据的一套“教材”，是一系列以“四书五经”为主的儒家经典。考试、写文章所用到的注解要以朱熹的注释为唯一标准，死板教条的应试教育由此正式开始。应试教育的历史一直延读到清朝末年，有人认为现在的应试教育是科举考试制度的延续。

“四书五经”等典籍是中华传统文化的代表，是中华民族伟大智慧的结晶。对传统文化的学习，应该取其精华、弃其糟粕、兼收并蓄、与时俱进。

科举制度下，古人苦读“四书五经”，脑袋里想着金榜题名之时。如图2－2所示。

图2－2　科举时代的学子

“学而优则仕”的逻辑、“官本位”历史残存文化的影响，让国人对考试越来越癫狂。

对教育考评机制的改革是难点和重点。现在的教育以分数作为主要的考评指标，因为分数可以量化，相关部门用数字进行考评，简单而易于操作。

二、应试教育与人的全面发展

“会考试＝?”这个问号背后的答案是什么呢?

一些“考试高手”在实际的生活和工作中“高学历、低能力”的现象，给了我们一些启示。

“学校教育＝教育学生如何考试”？学校教育除了传授知识，还有育人的重要任务，但是在应试教育的大环境下，由于考试这根指挥棒的威力，教师成了知识的“搬运夫”，所有的行动都指向了考试。

中国的好几代人都留有太深的应试教育的烙印：为考试而学习，比知识的多少，比学历的高低，停留于“装知识”的层面，学生们甚至连“为什么”都不能多问，只能老老实实地接受老师灌输的知识，很少关注社会实践，很少培养其他能力。

被应试教育愚弄的家长们，只关心学期考试和升学考试的成绩。成绩考好了，家长就对孩子笑脸相迎，对孩子放松其他要求，认为只要成绩好，其他都无所谓，顽皮一点、懒一点、有点坏毛病都不要紧。

我们立足于“人的全面发展”，教育的核心是培养具有健康人格的人，而不是培养会考试的人。

素质教育关注人的全面发展，而应试教育只关注学生考试的能力。应试教育把大量的时间和精力用于装知识，搞题海大战，难免忽略道德情操、意志品质、理想信念等非智力的教育，同时也会忽视“解决问题”和“创新”等智力教育。

考试是考评一个人综合素质的有效手段之一，但不是唯一手段。考试只是一种工具和手段，不应该成为家长和学生的最高追求和最终追求。

对考试顶礼膜拜的现象背后，是“以物为本”和“以知识为本”的价值取向。应试教育与人的全面发展是对立的。

三、面对应试教育，我们怎么办

从国家层面分析，应试教育的改革很难、周期很长。极少数的家长把孩子送进私塾或者带回家里自己教，用这样的方式与应试教育进行直接的对抗。面对应试教育的大环境，我们是弱小无力的，但是我们不能坐等，而应该起而躬行。

“我们”是谁？首先要找准自己的定位，才能进一步明确怎么做。我们是普通家长，我们无法改变大环境，但是我们是自己孩子的教育主体，我们可以影响和干预孩子的成长过程。我们能够做到就不能放弃。

应试教育累。家长累、学生累，一家人跟着受累。面对应试教育的坚冰难以破解，素质教育形不成气候，作为普通家长，我们怎么做呢?

家长对“学习知识”要有正确的认识：“知识本位”的应试教育是偏激的，“知识无用论”也是偏激的。知识是前人实践经验的总结，知识是我们发展的基础，教会孩子们学知识、用知识仍然是重要的教育内容。

面对应试教育，我们的主张是：

第一，纠正“以知识为本”和“以物为本”的价值倾向，坚持以人为本，切实做到“让教育立足于人的全面发展”。

第二，把握教育的全局，而不是侧重某一个点。心中先有教育的全局，再去完善其中的点。

第三，立足行动，落实到位，切勿空谈。

在学好知识的情况下，补充其他的教育内容，平衡应试教育造成的倾斜；采用“推动 + 拉动”的思路，激发孩子的学习兴趣和动机；将意志、信念、理想作为重要的教育内容；通过亲子之间的“虚实互动”，打造良性的亲子关系。

图 2 -3 反映了智力教育与非智力教育的失衡与平衡。

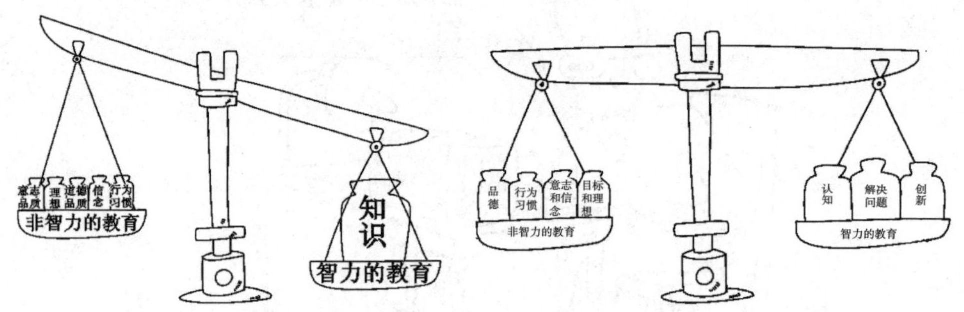

图 2 -3　智力教育与非智力教育的失衡与平衡

第二节　教育就是一幅图

我们要制造一个机器的零部件，需要图纸；我们建造高楼，需要图纸；

我们做教育，也需要一份可以参考的“图纸”。“教育结构图”就是进行教育行动的图纸。

“图纸”结合“实际情况”，可以让家长做到对教育的全局心中有数，既遵循教育规律，又避免机械和教条，争取做到切合实际、扬长避短、灵活机动。

普通家长和普通教师，所做的最基础的教育工作，是由一个个“点”组成的，这些“点”就是一句话、一件事、一个动作、一个好习惯的教育、一种品质的教育、一种能力的教育……只有把这些点综合起来，才能组成教育的“完整结构”。这个“完整结构”就是教育的全局。

如果我们心中已经有了这个“完整结构”，再按照正确的步骤和方法，去完成这些点的布局，而不是随意和盲目地行动，这种有计划的系统教育可以让家长轻松，它遵循人的成长规律，就可以让孩子健康、快乐地成长。

教育内容的多而杂，让家长们无从下手，觉得什么都该教。如图 2 –4 所示。

图 2 –4　家长的困惑

教育就像修建房屋，需要一套“施工图”，我们以“易学、易懂、易操作”为标准，重新勾画了教育的总结构图。如图 2 –5 所示。

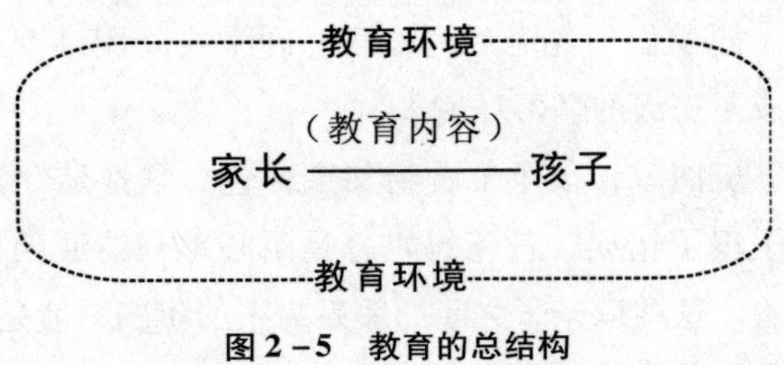

图 2－5　教育的总结构

我们需要专门分析环境、家长、孩子几大要素，需要进一步细化教育的内容。同样的教育内容，在人的不同成长阶段应采取不同的教育方法。特别的是，我们从孩子学习成长过程中提炼出了“动力”和“控制力”两大要素。如图 2－6 所示。

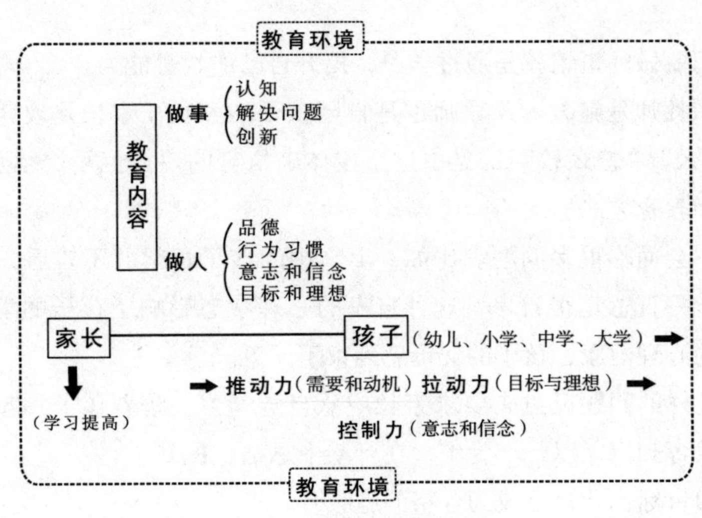

图 2－6　教育结构总图

家长在孩子的教育过程中，面对复杂的问题要“各个击破”、分别消化。分别消化之后，再组合为一个整体。这样的学习思路，最适合普通家长。

一、教育环境

教育环境将家长、孩子、教育过程都“包裹”在其中。

打造良好的教育环境就是我们努力的方向、行动的目标。良好的环境可以让教育活动顺利进行，让孩子们快乐舒心，让教育与生活融为一体。

例如，给小学一年级学生上课，老师提问：“蛇是吃草，还是吃虫?”课堂讨论积极踊跃，同学们争先恐后地发言。同学之间团结互助，师生之间感情浓厚等氛围组成了班级的学习环境。

又如，爸爸下班回家，孩子忙着给父亲拎包、拿拖鞋，父亲柔情地摸摸孩子的头发。孩子犯了错误，爸爸妈妈总是耐心地问清原因，与孩子一起讨论改正错误的办法。这些以亲子之间的关系为主的氛围，就是家庭环境。

教育环境决定了教育过程能否顺利，教育环境影响到家长的心态，也影响到孩子们的情绪，影响到亲子、师生之间的互动沟通过程。

打造良好的教育环境，首先是引起高度重视，其次是依据正确的方法和步骤，落实于行动。

二、家长

家长们要做的事情就是通过学习，提升自己的教育能力。

家长和教师是施教者，教师也是自己孩子的家长，家长是教育活动的主体，“教什么”“怎么教”都是由这个主体来执行的。（这两个老问题指的是教育内容和教育方法。）

教育中会面临很多问题。比如，上高中的孩子长得并不难看，但是因为个子不高，一直感觉很自卑，这种自卑的心理状态影响了孩子的学习，也影响了孩子的心理健康，孩子的父母感到束手无策。

各种各样的问题反过来要求家长应该自觉学习，陪着孩子一起成长，补充必要的教育知识，以行动为主，在行动中总结、提高。

努力的目标：让自己成为合格的施教者。

第一，补充必要的教育知识；

第二，树立正确的教育观念；

第三，结合孩子的特点，学会教育知识的应用；

第四，立足于行动，坚持不懈；

第五，总结、反省，不断提高。如图 2－7 所示。

三、孩子

孩子相对于家长，是教育活动的客体，这个客体不是普通的物品，而是具有鲜活生命的人。作为独立的人，孩子应该受到充分的尊重，家长对待孩

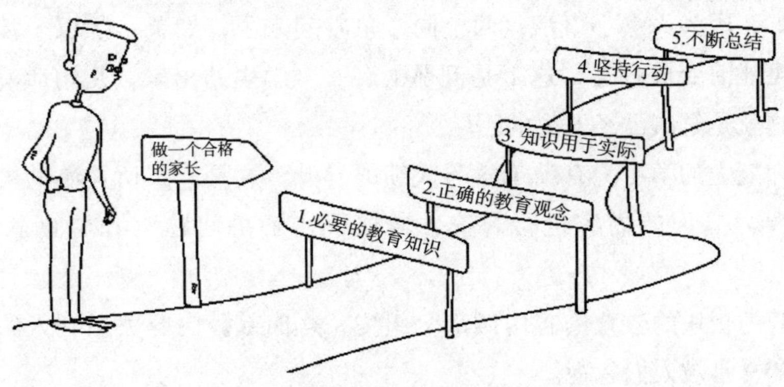

图 2－7　做一名合格的家长

子应该平等、坦诚。

根据《发展心理学》的研究成果，划分出了幼儿、小学、中学、大学及成年初期四个年龄阶段。人在不同的年龄阶段，具有不同的身心特点，相对地，应使用不同的教育方法。

四、教育内容

在“教什么”的问题上，一直存在争论，我们立足于人的全面发展，以易于操作为标准，将教育的内容分为两大板块，七个组成部分。如图 2－8 所示。

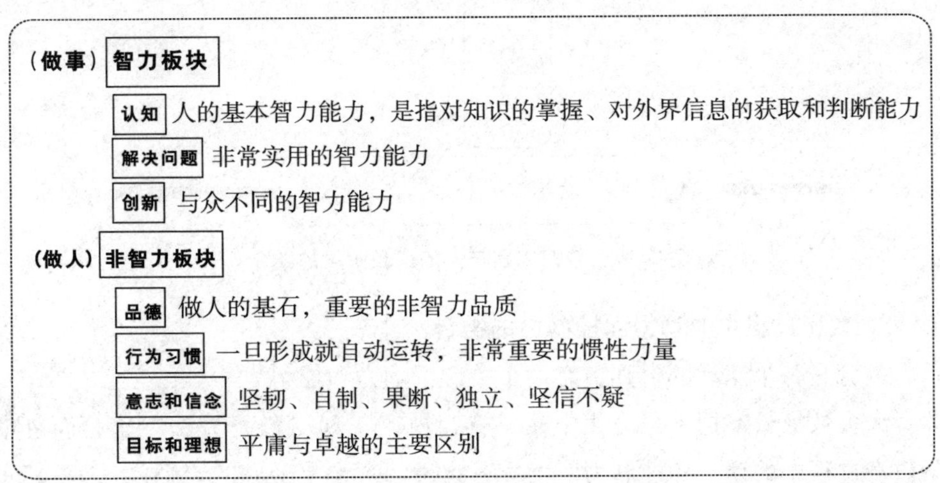

图 2－8　教育的两大板块和七个组成部分

比如，因为一点小事情，两个同学争吵起来了，如果不加以干涉，最后争吵很可能演变成打斗，这就是问题。有一个学生站出来，几句话就平息了事情，这就是解决已经发生的问题。

认知能力的学习，有助于学习成绩的提升，这是家长所关心的内容。为此，将智力方面的内容进行补充，增加了“解决问题”和“创新”两项内容。

非智力板块的教育内容由四部分组成，这四部分内容关系到人的价值和幸福，却常常被人们忽视。

五、几大教育板块的结合

1. 教育内容与人的成长阶段的结合

同样七项教育内容，在不同的年龄阶段，要采取不同的教育方法和策略。

你和幼儿谈人生理想，他肯定是听不懂的，但是你讲下周去划船，他就懂了。幼儿可以理解用通俗语言表达的短期目标，却无法理解空洞的“人生理想”，但是短期目标的教育，恰恰是理想教育的基础。

成长的年龄阶段与教育内容的结合，充分体现了因材施教，避免了死板和教条。如图 2 - 9 所示。

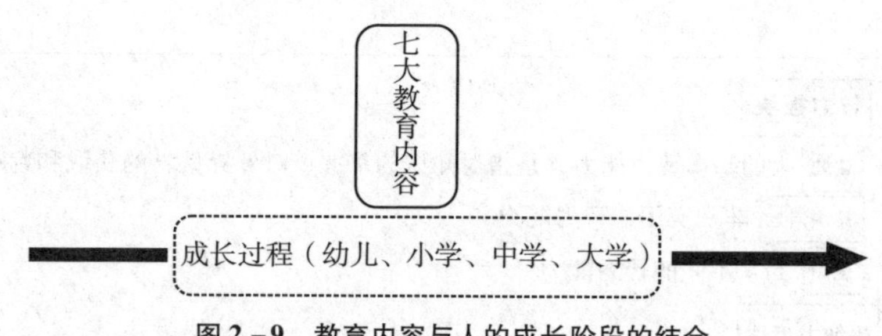

图 2 - 9　教育内容与人的成长阶段的结合

2. 教育过程中的动力和控制力的组合

教育是一个互动的过程，有两个关键：动力和控制力。

大多数家长都把注意力集中在“教育内容”和“教育方法”上，而忽略了教育过程中的动力和控制力。大家喜欢说“兴趣是最好的老师”，兴趣其实就是孩子做事的动力源泉。如图 2 - 10 所示。

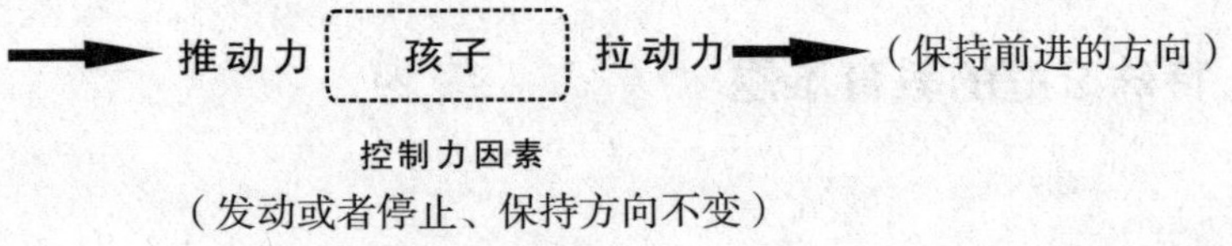

→ 推动力　孩子　拉动力 →（保持前进的方向）

控制力因素

（发动或者停止、保持方向不变）

图 2－10　教育过程中的动力和控制力的组合

在幼儿、小学、初中三个阶段，学习的动力主要来自外部的推动力，大学阶段的动力来自“目标和理想”的拉动力，高中则是两种动力的过渡时期。高中生虽有了一定的自觉性，但仍需要外部的推动力。

（1）动力。

推动力：动机和需要，形成推动力。做法：满足需要，找准动机。

拉动力：目标和理想，形成拉动力。做法：家长引导孩子自己设定目标，实现目标。

小学儿童比较依恋父母，他们处处表现乖、力争成绩好，是为了得到父母的特别关爱和老师的表扬。现象背后的原理是：小学儿童有“爱和归属的需要”。比如，家长对小学儿童承诺，上课不说话，可以奖励超级水枪，孩子有想得到水枪的动机。动机和需要，综合在一起就形成了推动力。

进入中学生的年龄段，特别是高中阶段，孩子有了一定的自觉性和自制力，为了目标和理想的实现，他们有了向前的动力。目标和理想形成了向前的拉动力。

（2）控制力。

孩子在学习、成长过程中，有许多的困难、干扰和诱惑，要求孩子具备自我管理、自我调控的能力，我们把意志和信念确定为决定控制力的因素。

动力和控制力的结合，让认识落实于行动，让人在行动中坚持不懈。这在小学和大学阶段有明显的不同。如图 2－11 所示。

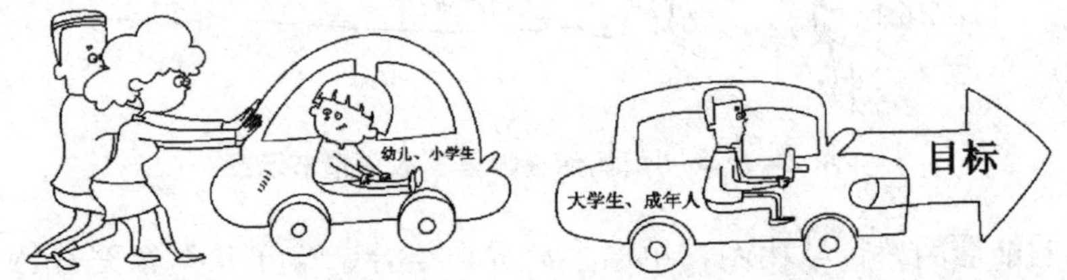

小学生是被家长和老师推着前进的　　大学生可以发动自己的内驱力努力奋斗，前方有目标在牵引着他

图 2－11　动力和控制力在小学和大学阶段的区别

六、特殊家庭的教育难题

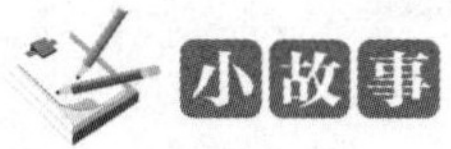

妈妈你在哪里

父母离婚了，孩子和父亲生活在一起。父亲工作很忙，常常加班到深夜。这一天，孩子放学回到家，奶奶已经把饭做好了。孩子在学校受到了同学们的嘲笑，心里委屈。奶奶年纪大了，孩子想把心里的委屈和奶奶讲，但是奶奶听不太懂。孩子好想向爸爸倾诉一下心中的苦闷。等到深夜，父亲终于回家了，疲惫不堪的父亲听着孩子的倾诉只是应付了几句，倒在沙发上居然呼呼地睡着了。

孩子望着窗外，想着重新嫁作他人妻的妈妈，想着妈妈曾经温暖的怀抱，眼泪哗哗地流。

“妈妈你在哪里”故事情节，如图 2 – 12 所示。

图 2 – 12 “妈妈你在哪里”故事情节示意

对照前面的教育结构图，单亲、离异、组合、留守儿童家庭等特殊家庭的某些必要条件是缺失的。这种缺失，使得特殊家庭的教育成了一个难题。如图 2 – 13 所示。

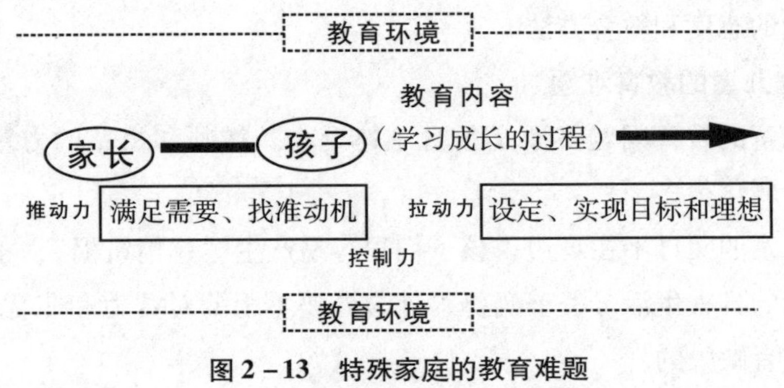

图 2－13　特殊家庭的教育难题

1. 发生变化的部分

图 2－13 中用方框标注了教育结构总图中“发生了变化”的部分，对于单亲、离异、重组家庭，用方框标注的部分已经悄然发生了变化：教育环境不良、家长的影响力有限、孩子的心理处于非正常状态、学习需求和动机的形成受到影响、目标和理想的拉动力有限等。

我们的目标是让这些变化的内容恢复正常状态。方法是针对各个“方框”，逐个击破。这不仅仅是教育难题，也是一个普遍存在的社会问题。

2. 单亲、离异、组合家庭中孩子的常见问题

性格：易形成孤僻、暴躁、冷漠等极端性格。

自我认知：不能正确进行自我评价，如自卑、自负等。

行为倾向：常出现攻击性行为，危害社会的犯罪行为。

有了问题，就要想一想解决问题的办法：积极的暗示、合理的解释、密切的关注。

积极的暗示是通过语言和场景，向孩子传递乐观、向上、正面的信息，比如告诉孩子，“我们是单亲家庭，所以我们要生活得更加自由和快乐。我们是组合家庭，我们要比别的家庭更加和睦团结”。

合理的解释是指告诉孩子造成单亲、父母分离、家庭重新组合的原因，对这种原因的解释是孩子可以接受的，是符合孩子心理特点的。避免孩子从小埋下“婚姻恐惧”“异性仇视”等隐患。

只有对孩子给予密切关注，才能及时掌握孩子的真实情况，才能制定正确的措施。

单亲、离异和组合家庭的孩子，情感需求、心理状态都很特别，家长自己要有正确的态度和教育方法。

3. 留守儿童的教育难题

留守儿童的教育问题主要是教育主体乏力。教师和祖辈的力量，比孩子父母的力量弱化很多。

留守儿童的父母不在身边，孩子们很容易产生“感情饥渴”，祖辈主要是照顾孩子们的日常生活。爷爷奶奶、外公外婆等祖辈对智力和非智力的教育，都是弱化或者缺失的。

留守儿童的父母缺少教育的时间和空间。我们要坚信办法总比困难多，始终坚持不抛弃、不放弃的心态，通过挤时间、高效利用时间、利用现代通信和交通条件等办法，最大限度地参与到教育行动中，担负起做父母的责任。

具体来说，可以建立家庭与学校之间的联动，把留守儿童的教育难题进行分担、分流。对辅导、照顾留守儿童的教师给予更多的政策倾斜，让关心留守儿童的教师有付出，也有回报。这是一个重大的命题，期望有志者作出更深入的思考和探索。

第三节　教育过程中的互动

著名学者马弘毅先生说：“一旦和孩子发生矛盾，家长要马上主动反思：自己对不对？教育的时机、方式把握好了没有？交流在艺术上是否还存在问题？教育要尽量用数据说话，与实例相结合，因势利导，把握好教育时机。并且还要讲求计划性，切忌心血来潮，搞突然袭击。”

教育是极高超、极高级的艺术。

家长和孩子之间进行的教育活动，是一个互动的过程，而且是一个虚实互动的过程。如图 2－14 所示。

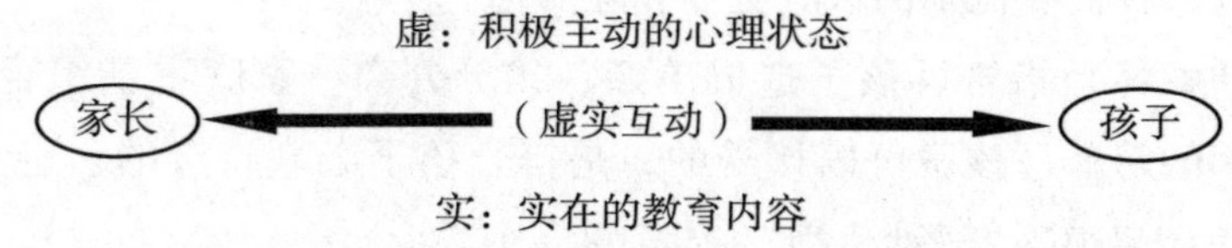

图 2－14　教育活动中家长与孩子之间的虚实互动

虚：看不见，摸不着。

这些是看不见的、摸不着的：双方的心理状态是否积极主动，双方的关系是否和谐，教育氛围是否融洽。

虚的内容包括：积极主动的心理状态；和谐的亲子关系；融洽的教育氛围。

实：看得见，摸得着。

教育的过程是看得见的，教育的内容是摸得着的（可以还原为文字）。

实的内容包括：知识、能力、素养等实在的教育内容；科学的教育过程。

教育过程就是一个双向的虚实互动的过程。我们把亲子之间的沟通，细化为虚实互动，目的是让家长易于落实于行动。

“表达”“沟通”“互动”这样的命题，可以写成若干本书。沟通互动是一个开放的话题，所以也会是一个有争论的话题。

一、单向灌输扼杀了孩子的天性

应试教育主要是“单向”灌输知识，缺少实质性的“双向”沟通。家庭教育中的单向灌输是非常普遍的现象。

单向灌输的主要表现就是：把自己的观点、做法、知识、价值取向等强加给孩子。下面用一幅图来形象地描述什么是单向灌输。如图 2－15 所示。

图 2－15　单向灌输

中国家长认为的“孩子不听话”，就是指家长“单向灌输”的做法受到了孩子的抵制。比如，家长要求孩子“这样做”“这样想”，而孩子却“那样做”“那样想”。

传统应试教育的组合结构：接收知识＋继承知识＋发展知识。第一步的接收多是被动地接受老师的灌输。

素质教育立足于人的全面发展，对“接收”式教育一定要扬长避短：规避其墨守成规的缺点，发扬其继承发展的优点。

在学校教育中普遍存在的现象是，学生们深入探究的机会很少，理论联系实际的动手操作和社会实践很少。

应试教育主要是追求“标准答案”和“确定性的结论”，为达到这样的目标，学校采用了题海战术和单向的灌输方法。鲜活的生命变成了“知识接收机”，变成了吸纳知识的“容器”。

活泼可爱、自由自在、追求快乐、充满想象，这些都是孩子的本能，这些本能之中蕴藏着无穷无尽的创造力。接收式的应试教育严重扼杀了孩子的天性。所以，要促使家长转变观念，把单向灌输改为双向互动。

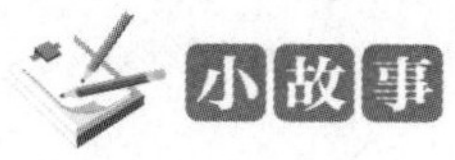

一个单亲妈妈的爱

门是被撬开的，花花的家又被盗了。花花和妈妈住在一栋老房子里，这种老式的居民楼很陈旧，整个小区也是开放式的，所以小偷经常光顾，稍稍有钱的人都搬走了。花花的爸爸因为工伤事故过早地离开了爱他的女人和女儿。花花的妈妈放不下这个男人，一直念着这个男人的好，不肯再嫁。

这一天，妈妈又打骂了花花。

在花花心里，妈妈就像是一座山。为了让这个已经死去的自己深爱的男人泉下放心，妈妈给了花花最深重的母爱，在妈妈面前，花花常常不敢说话。花花在妈妈面前没有讨价还价的余地，各种课外学习、各种特长的学习压得花花喘不过气来。

这一天妈妈回家比平常稍晚，在桌子上她发现了花花留下的纸条：“妈妈，我知道您很爱我！但是这不是我想要的生活。我走了，请不要四处找我，您找不到的。”

多数家长都太爱自己的孩子了，但是他们又不懂得如何去爱，这种“单向的爱”，很多时候并不是孩子想要的。

“一个单亲妈妈的爱”故事情节，如图 2－16 所示。

图 2－16　“一个单亲妈妈的爱”故事情节示意

二、和谐的亲子关系是真正互动的前提条件

先来看下面两幅图，如图 2－17 所示。

和谐的家庭是我们努力的目标　　棍棒式教育只能带给孩子痛苦和伤害

图 2－17　和谐家庭与棍棒式教育对照

教育专家孙云晓的观点是“好的关系胜过许多教育”。

您的孩子会主动找你谈论某件事吗？会主动针对某件事发问吗？会主动找您表述他的观点吗？

如果孩子已经不再主动和家长沟通，而只是被动地接受家长的训话，被动接受家长的观点，被动回答家长提出的问题，这就表明家长和孩子之间的沟通之门正在关闭。

“你知不知道错在哪里？”“以后再这样，看我不收拾你！”“说！怎么回事？”……很多家长都喜欢这样居高临下地对孩子说话。

请家长反思一下自己与孩子沟通的情况，是不是只有单向的问话、告诫和要求，而缺少反馈、倾听和互动？

要知道，和谐的关系是互动的前提。家长要把打造与孩子之间亲密和谐的关系，作为一项专门的事情来做，作为一项专门的任务来完成。

“人，生而平等。”家长要学会尊重孩子的选择，在人格上与孩子平等相处、坦诚相待，这样有利于形成与孩子的和谐关系，形成与孩子互动的局面。施行民主的教养方式，是打造亲子之间和谐关系的主要方法。学会反过来，顺畅的互动沟通会让亲子之间融洽的关系更加稳固。亲子之间的和谐关系是实现真正互动的前提。

三、如何实现虚实互动

先来看下面两幅图，如图 2－18 所示。

单向与双向的区别太明显了，仅仅从字面上就可以理解。

双向：有双方主体的共同参与。

互动本来就是双向的，之所以在互动之前加上“双向”二字，是为了引起特别注意。

互动：观点、思想和情感地来回运动。

真正的双向互动不仅仅是表面的，犹如打乒乓球一样的来回运动，实质上双方须要发自内心地积极参与。

教育中的实：有系统的教育内容，有科学有效的教育方法，教育方法决定了教育的过程。

教育中的虚：积极主动的情感，和谐的关系，融洽的环境。

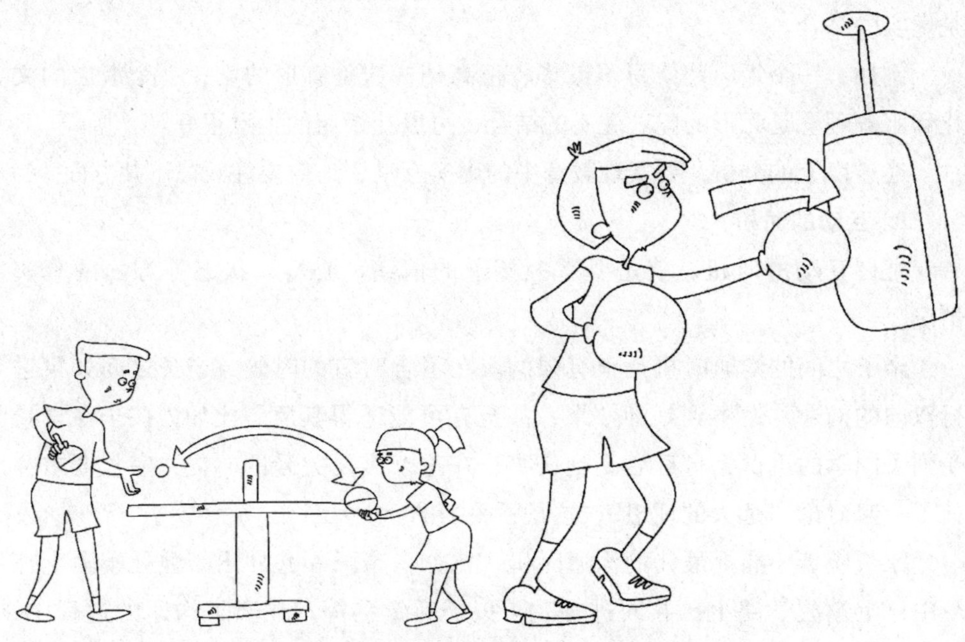

图 2-18　打乒乓球是双向的，拳击打沙袋是单向的

家长可以利用与孩子之间和谐的关系，对孩子进行相关能力和素质的教育，教给孩子实实在在的本事，这就是虚实结合的正面例子。系统的教育内容是指知识、能力、素养的全面教育。

只有实，没有虚：家长一味地追求灌输知识、培养能力和素养，而忽视了家长与孩子之间的关系维护，随着孩子年龄的增长，可能走到“无法”灌输的那一天。

只有虚，没有实：有的家长和孩子之间的关系很好，但是家长却没有用好这个条件，进一步对孩子进行能力和素质的教育

以上两点都是未实现虚实结合的反面例子。

道和术的结合也是一种虚实的结合。道比喻为对孩子的爱，术比喻为爱孩子的方法，即沟通的艺术、教育的艺术。只有道或者只有术，都不完美，道和术要结合起来。道和术的结合表现为：心中满怀对孩子的关爱，同时讲究爱的原则、方式和方法。

一个人所拥有的物质财富是“实”，物质财富是看得见、摸得着的；人的内涵、修养、道德品质是“虚”。如果一个人有钱，同时很有道德修养，这就

是虚实的结合。

例如，一个饭店装修得很豪华、很高档，这是有形的实；一个饭店的文化和服务理念是无形的虚。虚实的结合，可以让饭店的生意很好。

经过以上的分析，要实现教育中的虚实互动，还需要注意以下几方面。

1. 互动的时机

把握互动的时机，就是要掌握孩子的情绪、心境、状态等方面的真实情况。

亲子之间的沟通时机是很有限的。在不合时宜的时候，亲子之间如果进行双向的沟通，达不到好的效果，甚至有可能适得其反。比如，孩子在学校受到了同学的讥讽，自尊心受到伤害，在这个需要关爱的时候，家长要求和孩子一起讨论“远大的理想”，这是不妥当的。

家长应善于捕捉最佳的沟通时机，比如，亲子一起外出，独处于陌生环境中，上学放学路上，共同进餐时，孩子睡觉前等。在亲子沟通的过程中，家长应该保持相互尊重、坦诚相待的正确心态。

如何捕捉最佳的教育时机，这需要家长观察分析自己孩子的身心特点，需要学习基本的教育常识。

2. 互动的内容

设置话题：为什么睡眠少了长不高？为什么要保护别人的面子？

情感交流：今天心情不佳是什么原因啊？与同学伙伴有点小摩擦怎么处理？

正确观点和做法的传递：尊重别人的意见，而不是一竿子打死。

不当观点和行为的纠正：“知道就知道，可不能乱说哦!”

分析问题的原因：你认为这次和同学打架是什么原因造成的？

讨论问题的解决方案：英语确实很难学，我们一起想办法……

自己的疑惑：我最近老是睡不好，儿子，你说怎么办？

某些社会热点和新闻的讨论：食品和药品安全的问题很严重啊，说说你的看法吧。

互动的内容非常重要，家长要站在孩子的立场上思考。比如对中学生，可以共同讨论什么样的老师最受学生欢迎，讨论如果有异性同学发出爱的信号怎么处理等。提问、讨论话题的设置，要根据具体情况而定。

会发问，会倾听，这是最简单的要求。能够根据某个话题深入讨论，这就是稍高的要求了。比如我们发现孩子没有及时完成作业，正在尽情地玩耍。如果我们这样说："你的字迹有明显的进步，请保持哦。""你的作文再有一些场景描写就更精彩了。"家长可以在这种间接提醒不奏效的情况下，再直接地提醒孩子关于作业的事情。这样的细节处理，就是沟通的艺术。

一切方法背后都有原理和规律为依据，一切方法都要符合孩子的个性特点和当时的具体情况，切不可照搬套用。例如，家长和孩子在一起走路的时候，家长可以提出一个话题进行讨论："你们班上的优生，如果想帮差等生提高成绩，你认为怎么做最好?"这就是设置话题，通过发问，引起相互的讨论。

3. 互动的形式

(1) 组合的表达形式：说给孩子听 + 做给孩子看。

说给孩子听，比如讨论"为什么要勤奋做事"的道理，就是语言的表达形式。做给孩子看，比如给老年人夹菜、按摩，就是图形为主的表达形式。

用语言和文字表达某种信息，常常是苍白无力的，特别是针对动态的过程，语言更显得笨拙。而用图片、画面、场景等方式传递信息，则更为真实和完整。

例如，用语言讲明白如何骑自行车，比较复杂。直接骑给别人看，比较简单。两者的结合，是最佳方案。

语言方面主要是"说 + 听"，家长说，孩子听，孩子说，家长听。

图形是指图表、图形、画面、场景等，图形的沟通表达形式主要是"做 + 看"。

"说给孩子听""做给孩子看"这两种方式，不是二选一的、对立的、非此即彼的关系，而应该很好地结合。

比如，敬老爱老的教育，家长亲自"做"给孩子看，同时可以在适当的时候，"画龙点睛"地说给孩子听。家长若平时经常做给孩子看，但是在某个融洽的氛围下，不妨摸着孩子的头，再发出一声长长的感慨："儿子，你奶奶含辛茹苦把我养大，你说我该怎么办，才能让奶奶过得更快乐呢?""儿子，我怎么对你奶奶，以后我老了，你也这样对我，我睡着了都会笑醒!"

人的面部表情和肢体语言是一种"图形"，也是一种画面。比如，沉默之中给孩子一个严肃的表情，这种“严肃”的画面将带给孩子语言无法传达的微妙信息。

放置在显眼位置的小黑板、字条、备忘录等都是很好的信息载体。特别是使用粉笔的小黑板，可以写上一些诗词短句，陶冶孩子的情操，还可以列举一些中华传统经典中的道德观念，在孩子脑中播种传统文化的种子，也可以是一些行为习惯、能力素养的情况总结，无声的文字静静地在那里，避免了反复的唠叨和说教。

（2）语言沟通仍然是最常用的沟通方式。

主要形式有两个人单独谈话、家庭会议、外出活动中的交流、书信往来、电话短信、网络沟通等。

家庭会议是一种很好的互动方式。家庭成员之间，在某些重大问题上，表达观点、投票决定结果、讨论奖惩细则、自我检讨等，都可以通过家庭会议的形式。重点和难点是如何促使孩子积极、主动地参与其中。

特别是离开家庭环境的户外活动可以制造很好的沟通时机：双方都处于安静的接收状态，如户外游戏和竞赛，户外体育锻炼，户外旅游和野外拓展等。

爱在心里，严在规则；爱在细微处，严在该严处。如图 2－19 所示。

图 2－19　父爱如山

四、虚实互动的结果

坚持虚实互动会形成两个结果：虚实互动常态化、促成创新。

1. 结果之一：虚实互动常态化

常态化是指一种稳定的状态。

所有的教育活动，都应该通过虚实互动的方式而进行。凡事都不能抛给孩子结论和指令，单方面要求他们接受和执行，而是应该通过互动，达成一致的结论后再执行。

互动的结果不可能都是达成一致，但是通过虚实互动可以让对方了解自己的真实想法、立场和情感，这就为进一步沟通和行动做好了铺垫。

有时候家长认为孩子做了错事，但是孩子却认为没有错。人在成长的各个阶段，对事情会有不同的判断。有时候孩子并未意识到某种言行是错误的，所以家长不要把“这是错的”“你做错了”这样的结论强加给孩子，强行要求孩子接受自己的结论，而是应该换位思考，站在孩子的角度，表达自己的观点——“我认为这是错的”，继而通过问答、讨论等方式深入沟通，争取达成一致：“这样的想法和做法确实错了。”

如果暂时不能达成一致观点，家长也不要急躁，要进一步地深入沟通。在没有达成一致的情况下对孩子进行惩罚，孩子不能心服口服，这会让孩子心生怨气，怨气会让以后的沟通产生障碍。

在实际的教育活动中，“通过亲子之间的沟通达成一致结论或者认识”，更多地表现为“约定”“承诺”；“约定→监督执行”优于“强迫接受→强制执行”。教育活动中孩子家长之间有许多错误的约定。如图 2－20 所示。

图 2－20　错误的约定

我们希望形成如下的局面。如图 2－21 所示。

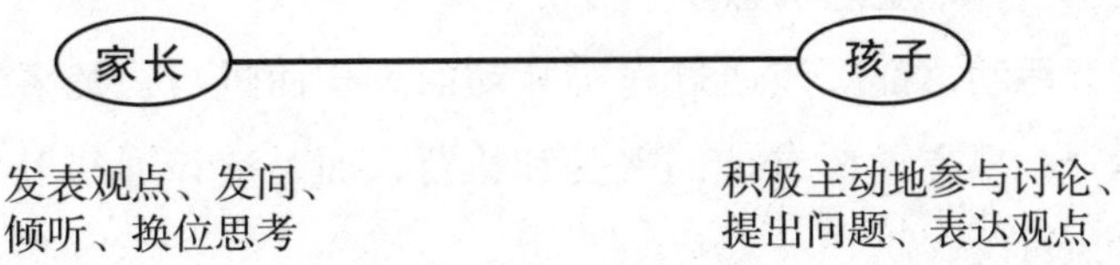

图 2－21　正确的约定

强行让孩子接受某种观点或者做法，会封闭亲子之间的沟通渠道，其后果表现为：孩子不再主动发问，不再主动表达观点和想法，不再积极参与双向的交流讨论。这样一来，“双向”变成了“单向”，即使偶尔有双向的问答，也只是停留于表面形式，没有了实质的意义。

原则性的规矩、行为规范、道德标准是孩子必须遵照执行的，表面上是严格执行，其实也应该先有充分的沟通。所以，现实生活中，应坚持这样的做法：双向互动＋虚实的互动。

第一，互动一定是双向的，不是单向的灌输和命令。第二，不仅有互动的内容，还要有积极的心理状态、融洽的氛围、和谐的关系。

2. 结果二：促成探索与创新

创新需要尝试错误、不怕犯错，这是探索中出现的错误。如图 2－22 所示。

敢于尝试错误，将获得创新的勇气和能力

图 2－22　促成探索与创新

告诉孩子，失败了没关系，犯了错误没关系，学习和探索过程中的错误在所难免。

孩子本身不具备自我评价能力，而是依靠别人的态度作出评价，所以面对孩子所犯的错误，对其进行正确引导尤为重要。

当孩子失败时、犯错时，父母不要跟着叹气，不要怜悯孩子，也不要责骂孩子，正确的做法是引导孩子思考其中的原因，鼓励孩子继续努力。

允许错误和失败，就是对孩子的一份沉甸甸的信任，这是成功的催化剂。

亲子之间双向的沟通所创造的宽松环境，可以促使孩子大胆设想、大胆探索，并将设想和探索付诸行动，这样的探索、尝试，正是创新的可喜表现。

天真、幼稚的想法，探索中的错误百出，换来的是创新的勇气和能力。

喜欢拆解东西是幼儿和小学儿童的普遍表现，并不一定是科学家的天赋象征。对于孩子表现出的种种探索想法和行为，家长应该有正确的认识，并及时进行适当的引导。

孩子一直成长在宽松的环境里，随着年龄的增长，智力和非智力的教育始终不放松，当孩子成年的时候，他就会成为家庭的中坚力量。

五、从认识到行动

对于虚实互动的教育过程，通过如下步骤去留下印痕。如图 2 – 23 所示。

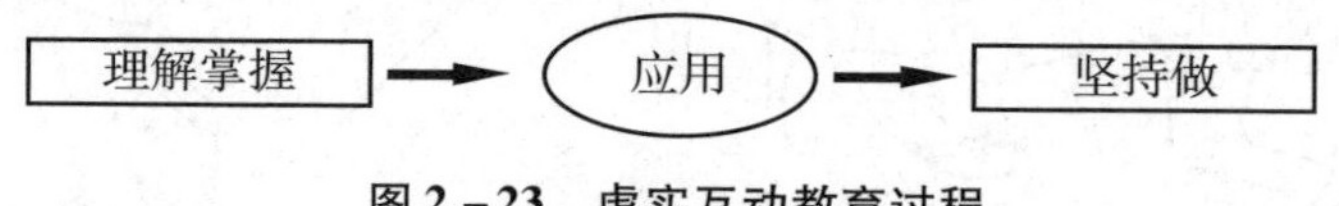

图 2 – 23　虚实互动教育过程

第一步，通过学习，建立虚实互动的知识框架，理解掌握虚实互动的内涵和注意要点。这是我们行动的依据。

第二步，通过简单练习，在教育实践中应用“虚实互动”，在应用中熟悉并掌握。

第三步，坚持做下去，动态调整，不断总结。

通过一段时间的应用练习，在练习中，家长可以切实体会到与孩子虚实互动中的快乐与成就。从过去只知道提要求、发命令，调整为站在孩子的立场上思考、发问、倾听、换位思考、平等协商，这样的转变，将会促成和谐的亲子关系。

从单向灌输到双向沟通的转变，家长就可以验证孩子的改变，也可以感受到教育的快乐。

时时处处，都要互动，最完美的是虚实的互动。我们追求情感与内容的匹配，爱与爱的方法的融合。

总结反省是快速提高的重要方法，要反省过去的错误做法，对互动的结果要总结，对互动的方式要总结，对互动的过程要总结——在总结中不断完善提高。

我们要通过持续的努力，形成良性的循环，让教育不再累，让美好延续。

教育过程的本质就是一个虚实互动的过程。

给孩子尊严，就是始终对孩子平等、尊重。尊严，是再多的金钱也无法估量的。

父母和孩子在练习“太极推手”。如图 2－24 所示。

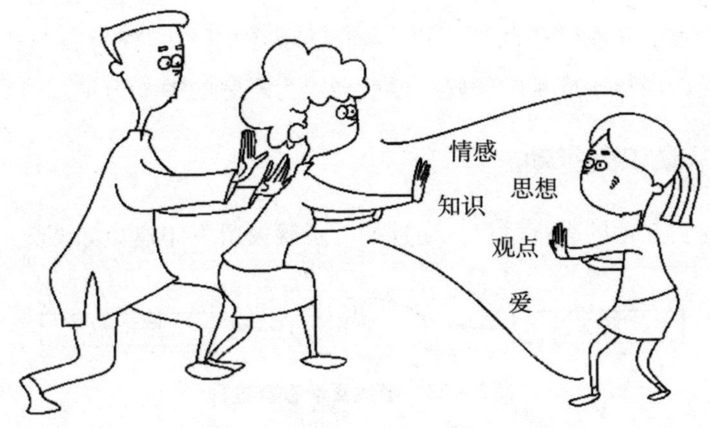

图 2－24　父母和孩子在练习“太极推手”

小故事

爸爸的胡子好扎人

康仔住进了医院。班主任老师带着同学们来看康仔，孩子们围在病床边叽叽喳喳地讨论着康仔的病情。原来康仔在打猪草的路上被蛇咬了，再晚一点送到医院就有生命危险了。康仔很瘦小，但是很少生病，如果这次不被蛇咬，康仔已经有两年没有吃过药了。

同学们都走了，班主任留了下来照顾康仔，一直等到康仔的爸爸从打工的城市赶回来。

康仔一直通过电话和爸爸联系，但是电话费很贵，说不了几分钟，在旁边的奶奶就会催康仔挂电话。由于爸爸常年在外，打电话是父子俩的主要沟通方式。

爸爸坐在病床上，一直在听康仔说话。康仔一直说，想把这一年的事都讲给爸爸听，爸爸一直用怜爱的眼睛看着坚强的儿子。等到儿子说累了，父亲才轻轻托起孩子的脸，紧紧地拥在怀中，一张老脸和一张小脸紧紧地挨在一起。康仔感到爸爸的胡子很扎人，扎得康仔很疼，但是康仔心里却很甜蜜，这是幸福的疼。

那些整天都守着孩子的父母，那些整天都有父母陪的孩子，你们是幸福的，你们可以畅所欲言、亲密无间地说话。父母和孩子天各一方，教育过程的虚实互动如何实现，是一个值得研究的命题。

“爸爸的胡子好扎人”故事情节，如图 2－25 所示。

图 2－25　“爸爸的胡子好扎人”故事情节示意

第四节　掌握规律—做—坚持做

这个简单的方法模型全部是由动词组成的，就是要求我们以行动为主、切忌空谈。如图 2－26 所示。

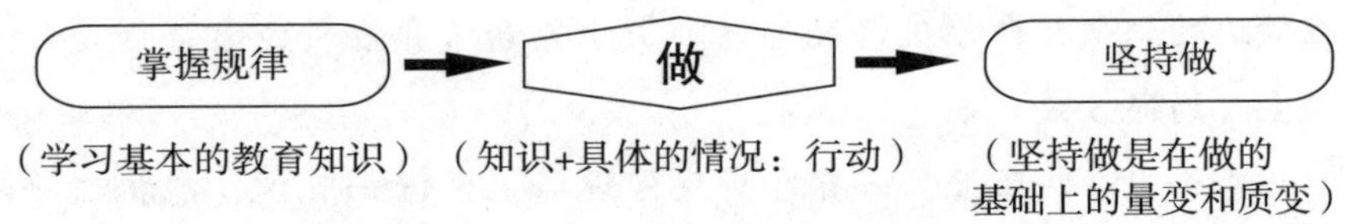

图 2－26　“掌握规律—做—坚持做”示意

思考、分析之后，再行动。不经思考的行动，常常是盲目行动。比如，我们想培养孩子坚强的意志，首先要学习意志力培养方面的知识，再将这些知识结合自己孩子的具体情况灵活地运用。再坚持做一段时间，就会有很多的收获。

家长作为教育的操作者，普遍存在以下问题：

第一，教育观念不当、缺少教育知识。

教育观念不当：表现为“以物为本”，专制或者放任，对教育的重视程度不够，崇尚应试教育，忽略意志、理想和信念等非智力方面的教育。

教育知识缺乏：不能准确分析孩子的个性特点，不知道孩子所处年龄阶段的身心特点，没有掌握互动沟通的技巧，不能分析现象背后的原因，不懂基本的教育常识……

怎么办：通过书籍，学习基本的教育知识；通过请教和借鉴，吸收实践验证过的教育规律。本书提供了大量基础的教育知识、教育规律。

第二，不会做。不能做到理论联系实际，不能将教育知识用于实际。

第三，不能坚持做下去。

很多家长在心血来潮的时候才行动。比如，平时不督促孩子养成好的学习习惯，有一天偶然发现孩子不按时完成作业，突然大发雷霆，对孩子训斥打骂，把孩子吓得不知所措。不能坚持做，就收不到实效，产生不了质变。不能坚持做，一切皆成空。

要做到以上三点有一定的难度，面对这些难题，家长是不是就放弃呢？

下一代是我们生命的延续，我们即使拥有了堆积如山的金银，如果下一代没有教育好，金山银山也可能会耗散一空，下一代把家业败光的负面案例不胜枚举。

我们要勇于面对困难，对下一代负责任，争做一名合格的家长。只有行动才能改变现状：立足行动、切勿空谈。

一、掌握规律

凡事都有其背后的规律。

吃饭有规律：哪些东西不能混吃、哪些疾病忌讳吃什么、早中晚吃几分饱最合适、某种食物含有哪些营养价值……

说话有规律：说话的节奏太快了，别人听不清、理解不了；说话的节奏太慢了，人家会不耐烦；说了一句谎话，要用10句谎话去掩盖，结果会导致谎话连篇……

走路有规律、睡觉有规律、喝茶有规律、看书有规律、外出旅游有规律……

孩子在慢慢长大，家长应对孩子进行全方位的教育。所有的行动，都应该依据教育规律而进行：幼儿时期的教育规律、青春期的教育规律、惩治撒谎打架的教育规律、表扬肯定的教育规律、让孩子为梦想而奋斗的教育规律……

1. 教育规律是我们行动的依据

比如，青春期的孩子容易叛逆，这是个普遍现象。教育专家通过调查研究找到了青春期叛逆的原因，这些通过调查研究得出的规律，就是指导我们行动的依据。

教育专家、一线教师和家长，通过研究和实践，总结出了很多教育方面的规律，这些间接的知识，也是我们行动的参考。比如，拥有良好的同伴关系的学生，更容易形成积极正面的自我评价。

教育原理是指各种教育现象背后的本质规律。这些原理，都是人们从长期的实践中总结提炼出来的，具有普遍适用的特点。

教育是门科学，有自己的结构和规律。教育主体是具有生命特征的人，人的成长过程是不可逆转的。比如，某种能力的培养错过了关键的年龄阶段，会多付出千百倍的努力，甚至无能为力。

2. 避免经验主义与盲目行动

某些个人按自己的主观经验，“盲目”地进行教育实验，将自己的孩子当成实验品，当实验的结果出来的时候，孩子已经长大了，好或者坏的结果已经很难改变，时间无法倒流。

个人的实践是渺小的，个人实践相对于社会大众的实践，就如同沧海一粟。

教育原理和教育规律获得的方式主要是学习、请教和借鉴。

二、做

这个环节指的是知行合一、理论联系实际。

1. 杜绝空谈

知行合一要求我们杜绝空谈、反对“知而不行”。

有些家长“大道理都懂，一讲一大堆”，实际生活中却是“只会嘴上说，不能踏实做”，这属于典型的“知而不行”。这是另外一类的特殊情况，“以行动为主”是破解之法。

2. 教育规律 + 具体情况

“理论联系实际”说起来简单，真正要做到，却是很难的一件事。这就是结合孩子的“实际情况”，制定具体的措施和方法。

虎爸育虎子，虎子要咬人

小刚 9 岁了，他原来的名字叫赵刚，爸爸通过多方的努力，把他的名字改成了“赵钢”，因为他希望儿子像钢一样坚强、无坚不摧。

媒体上报道了各种“虎爸”“狼妈”对孩子的严酷训练，“钢爸”对此很是欣赏，很快就采纳和借鉴了媒体报道中“虎爸”“狼妈”的方法。于是，“钢爸”对小刚变得更加严格，对小刚制定了很多训练科目，英语、奥数、钢琴、长跑、画画、围棋、象棋、爵士舞……几乎把各种课程都报完了，“钢爸”要求的标准也比原来提高了很多。动不动对小刚动粗，小刚稍有点松懈就要受到体罚。

经过“钢爸”的严格训练，“效果”很快就显现出来了。

在校长办公室里，“钢爸”猛抽了几口烟，面对学校请来的心理专家的解释，“钢爸”还是不愿意接受残酷的现实：小刚已经患上了严重的强迫症，有强烈的攻击他人的倾向，其中一天之内就伤害了三个同学，有一个还是人高马大的高年级的同学，两个被咬伤了耳朵，一个被咬伤了小腿，而且是咬住就不松口。心理医生解释说，这是在释放长期积压在内心的负面能量。

不经过甄别就照搬别人的教育经验，有可能彻底毁掉自己的孩子。

“虎爸育虎子，虎子要咬人”故事情节，如图 2－27 所示。

图 2－27　“虎爸育虎子，虎子要咬人”故事情节示意

我们通过学习，知晓了一定的教育知识之后，要学会应用知识。

现在书店里有大量通俗的教育书籍，一般以“亲子××法”“养成好习惯受益一生”“××人的成功经验”“××人培养出名牌大学生”等命名，这里把这类书归入“教育通俗书籍”。

教育通俗读物介绍了很多有益的方法、经验和成功的案例，可以给我们以启发和指导。书中的内容并没有错，但有些家长机械教条、断章取义地理解和应用书中的内容。有的家长把书上介绍的方法生搬硬套，比如“虎爸、狼妈”

式的严苛教育，让孩子苦不堪言、心灵受到伤害，留下一辈子难以磨灭的阴影。

比如，书里说“要给孩子自由的空间，充分发挥孩子的个性”，许多家长在应用过程中，演变成了对孩子的放任。电视、报纸和网络都在高呼反对应试教育，家长在应用中走向了另一个极端：轻视书本知识的学习。

要将理论正确地应用于实际，必须结合孩子的具体情况，知道怎么做，还要知道“为什么”。

“怎么做”的主要依据有两方面，一是教育规律，二是具体情况。

明白了根本规律，我们可以发明很多的教育方法。具体情况是变化的，具体情况也是多种多样的：孩子所在年龄阶段的特点，孩子的个性特点，孩子所处的教育环境，父母的知识结构，父母的性格特点，父母的教育时间是否充足，父母对孩子的期望，等等。

对外向、骄傲自满的孩子，即使做了正确的事情，也不宜“过度”表扬，原因是避免助长孩子的傲慢之心。对于内向孤僻的孩子，应努力发现他们的优点和进步，及时进行鼓励和表扬，引导和帮助内向的孩子战胜困难，促使孩子转向积极、乐观，要慎用批评和惩罚，以免挫伤孩子的自尊心。

别人的经验，书上的例子，那是别人的成功，对我们不一定适用，因为具体情况不同。

很多成功的教育案例并不适合我们，因为这些成功案例中的具体情况、具体条件是我们没有的。这些成功的案例中常有的情况是：家长有知识并且懂教育、家庭教育环境优良、孩子的先天资质较好、家长重视教育并且有充足的教育时间等。多数的普通家长真的非常“普通”，这些普通家长需要学习教育知识，学习教育方法。

过去的经验，很可能因为时间和环境的变化而误导人。

适合的，才是最好的。我们一定要把教育规律与具体情况结合起来，这是反复重申的要点。

三、坚持做

学习能力、思维品质、道德情操、意志信念的形成，不是一时一事，而是必须经过一个“时间阶段”。

比如，培养小朋友热爱劳动的习惯，可以通过做家务的方式进行教育，让小孩子洗一次碗、扫一次地、洗一次衣服，这并不是难事，你要让他们经常地、长期地做下去，这就是难题了。

坚持做要求家长持续地对教育全过程进行调节和控制，引导孩子一如既往地做下去。

坚持做这个环节是最难的。做一次简单，坚持做下去很难。对孩子的责任，对孩子的期望，是支撑我们"坚持做"的精神力量。坚持做，除了自己鼓励自己的精神力量，要特别注意讲究行动的方式和方法。

坚持做这个阶段是产出教育成果的阶段，即通过坚持做，一定可以收获一定的成效。

1. "坚持做"要以前两个环节为基础

即依据的规律是正确的，采取的方法是合适的。

比如，要养成"坚韧"的优良习惯，第一，依据是关于坚韧品质的规律：坚韧品质的形成可以从"心理和身体"两方面入手；意志品质的形成过程是循序渐进的；坚韧的品格可以在生活中潜移默化、自然形成，也可以通过专门的训练而形成。第二，选择适合孩子的具体方法，选择小孩子感兴趣的内容。

如果"坚持做"的两个前提是错误的，就很难持续。

比如，我们采用"暴走"的方法，希望孩子形成坚韧的性格特点，做的过程中如果违背了循序渐进的规律，如果在前几次暴走的运动强度过大、路线过长，会让孩子在起始阶段就产生对抗情绪，对于后续的训练，很难做到长期坚持。

充分考虑各种条件的限制，紧密结合具体情况，是"坚持做"这个环节必须思考的。比如小孩子学习任务重，孩子与父母的沟通不畅，孩子的性格内向，孩子任性娇惯，家庭环境不和谐等，都是"坚持做"的不利条件。

2. 家长要有时间和空间

"坚持做"这个环节的操作者是家长，行使的职责是监督、指导、提醒、调节、控制等，家长必须要有时间和空间去完成这些职责。

时间和空间是一个必要条件，这是常常被人们忽视的。

没有时空去"做"，师父有登天的功夫，也教不出优秀的徒弟。父母应该少娱乐、少应酬，抽出更多的时间，扎扎实实地做好教育工作。

比如，家长计划培养孩子课外阅读的习惯，只买回几本课外书是不够的。我们能否一天又一天、一周又一周地陪着孩子阅读、提问、探讨交流呢？

你和孩子天各一方，空间上不在一起，也会影响“坚持做”的过程。中国农村地区有高比例的留守儿童，孩子的父母在外地打工，教育的操作主体是缺位的。留守儿童是特殊历史时期的产物，各种教育资源都应该向留守儿童倾斜。

3. 家长要对孩子有影响力

家长对孩子有影响力，孩子对家长就处于认可、接受的状态。如图 2－28 所示。

图 2－28　家长影响力与孩子的反应示意

“坚持做”这个环节的操作者，主要是教师、父母或者长辈。这个操作者对孩子要有一定的影响力。

信息的高速传播，各种传播媒体带来的信息爆炸，影响了孩子的判断，父母在孩子的心目中不再是“什么都知道”的绝对权威。

很多人都有这样的感受：现在的孩子比过去的孩子更难教了。现在的父母要打造自己在孩子心目中的影响力，比过去更难了。

一个成年人对某些“成年人群体”有了影响力，这个人就有一定的话语权，有发表观点的权利，别人处于“收听”的状态。

家长和老师对孩子有“影响力”，表现为：孩子对这个人是认可和接受的态度，对这个人发出的信息（要求、指令、观点），孩子处于接收的状态。

我们把孩子比喻为收音机，家长和老师是信号发射塔，收音机是否在收听我们“发射”的信号，取决于我们对孩子有没有“影响力”。

“其身正，不令而行；其身不正，虽令不从。”“上梁不正下梁歪，中梁不正倒下来。”

中学阶段是教育的关键期，青春期是人成长过程中的第二个独立期，孩子在中学阶段已经有相对独立的思想意识和判断。在这个阶段，家长对孩子的影响力显得更加重要。对孩子有影响力的父母，他们发出的要求和指令，对孩子有非常大的干预力度。

家长要把打造自己在孩子心目中的影响力作为专门的、紧要的任务来完成。尊重孩子、平等坦诚相待，就可以换来孩子的相同反应。要求孩子做到的，家长首先要做到，家长要陪着孩子一起成长。家长要多看书、多看报，对热点话题要比孩子研究得更深一层。“打造影响力”是一个重要的课题，家长应该自觉地深入思考和实践。

4. “坚持做”这个环节，最高境界是“自动运转”

自动运转是指在一定的外在力量的干预下，充分发挥孩子的主观能动性和自觉性，让孩子自主、自觉地行动。

“自动运转”不是指放任自流，我们仍然要进行提醒、引导、监督和要求，这几个动词指导着我们的行动。比如，发觉孩子过于勤奋，就要控制孩子的学习节奏，要求他适当休息、放松。孩子开始自觉早起了，家长要持续关注，鼓励表扬，让孩子优良的行为习惯坚持下去。与孩子约定的事情，要提醒孩子，以免孩子忘记。有些原则性的要求，要向孩子清楚明白地提出来，比如，不要轻易承诺，有了承诺必须做到。

请注意下列动词的使用：

对于亲子之间的约定和承诺：提醒、监督、督促。

对于原则性的规则：要求。

对于孩子的思考和选择：引导、启发、指导。

要达到“自动运转”的目标有一定的难度，要求我们讲求方法、不断总结，基本思路是参照本书的动力和控制力两部分内容。

对孩子进行外在干预，首先要让孩子清楚认识自己的表现，我们可以用到一些简单的图表工具。

以下两个图表，特别适合小学一到三年级的学生。对于更高年级的孩子，我们可以采取更多、更灵活的形式，比如一周、一月的总结回顾。

事先与孩子进行充分的沟通，在应用过程中灵活机动，切勿教条死板，以下图表可以给家长带来很多感悟。

(1) 反馈表。

反馈表是“做得怎么样”的完整信息。依据这个信息，孩子自己可以反观自己做的全过程，家长也可以此为依据，及时进行正干预和负干预（奖和惩）。

干预的依据是正确的、完整的，奖惩的标准是提前与孩子协商确定的，孩子就没有怨气，结局就是处罚心服口服，奖励满心欢喜。

反馈表的制作非常简单，主要包括时间、内容、评价等栏目，下面列举做家务事的反馈表。如表 2 - 1 所示。

表 2 - 1　　我爱我家，清洁为大家

时间	内容	自我评价	父母评价	本周总结
3.15	拖地	干净	最好先扫地，再拖地	
3.17	清理厨房油污	没有整干净	事情有难度，开动脑筋想办法，不怕脏，值得表扬	
3.20	收拾客厅	整齐	收拾房间，不容易被看到成绩，因为没有对比。整洁整齐就是成绩	

通过反馈表，几天以来“我爱我家”的行动内容和结果就非常清楚了。

(2) 流程图。

流程图是做事情的先后步骤，以及每个步骤的注意事项，即“先后顺序 + 注意事项”。如图 2 - 29 所示。

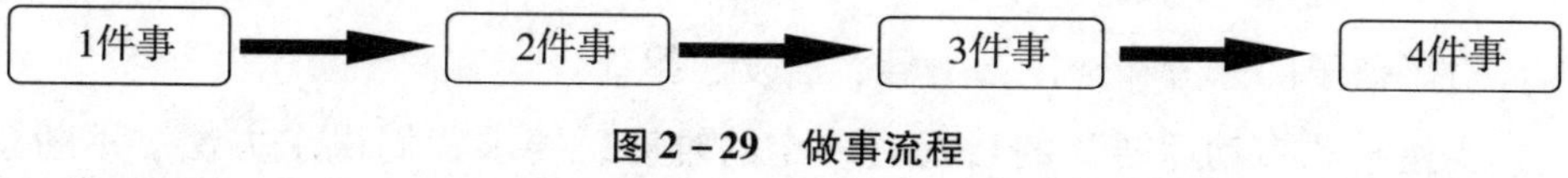

图 2 - 29　做事流程

下面是暑假期间，某家孩子每天的学习和生活安排。如图 2 - 30 所示。

我们可以通过口头约定，确定每一个环节的具体要求。比如，去同学家玩最迟到几点，每天上网游戏的总时间是多少，晚上最迟几点必须上床睡

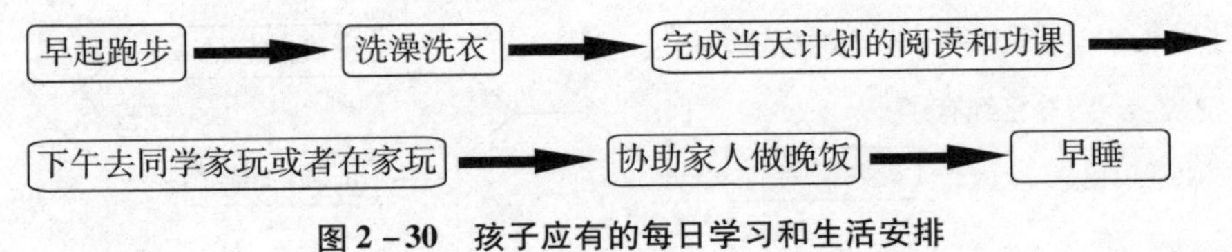

图 2－30　孩子应有的每日学习和生活安排

觉等。

有了流程图，家长就可以减少和孩子之间的争执，让孩子养成事前做计划的好习惯。

第五节　教育机会无处不在

教育内容具体可分为两方面：智力和非智力。这样的划分简单、有条理。有些书籍把教育的内容划分为几十个、上百个，让家长觉得该教的实在太多了。

学校教育主要是学习书本知识。在家庭教育中，也可以向孩子传授知识，更重要的是引导孩子有正确的想法和做法。比如，助人为乐的想法和帮助别人的做法。注意：正确和错误是相对的，为了表达方便我们使用了正确、错误、不当等词语。

一个 16 岁的中学生的现状是：

没有尊重别人的想法，没有尊重别人的言行；

有了攻击别人的想法，有了攻击别人的言行。

比如，侥幸的想法常常导致侥幸的言行，侥幸表现为“应该没问题”“可能不会被发现”“抓住机会赌一把”等，所以侥幸的想法和做法常常导致失误、失败、犯罪等。我们一定要通过教育，将孩子脑中的侥幸想法去除，将孩子的侥幸言行进行矫正。

那么，教育所要面对的现状有以下正、负两种局面。如图 2－31 所示。

家长在生活中有太多的机会，可以影响到孩子的想法，干预孩子的言行，正所谓教育机会无处不在。

干预有正干预和负干预之分。

正干预是给孩子一个正面的、愉快的、积极的刺激，对孩子的言行起到促进和肯定的作用。

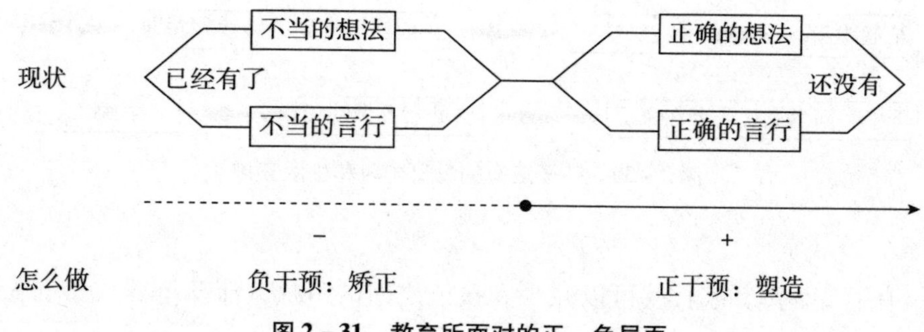

图 2－31　教育所面对的正、负局面

负干预是给孩子一个负面的、不愉快的、消极的刺激，对孩子的言行起到抑制和否定的作用。

小孩子吃饭之前主动洗手，我们进行正干预：微笑和表扬，促进和肯定他这种做法。孩子上初中了，与班上的异性同学交往过于亲密，为了防止孩子早恋，家长要明确表示反对、警告，这是负干预，对该行为进行抑制和否定。

相对应的，家长要做的教育有如下四方面：

第一，正确观念的传递。比如对奋斗的目标坚持不放弃的观念。

第二，不当观念的纠正。比如纠正“享受和攀比”的不当想法。

第三，正确行为的塑造。比如敬老、助人、做事勤奋等正确行为的塑造。

第四，不当行为的矫正。比如攻击他人、损坏物品等行为的纠正。

仅有以上四点，仍不能指导具体行动。家长还应该确定引导孩子形成哪些正确的观念、坚持哪些正确的做法。只有清楚回答了这两个问题，才能做到教育机会无处不在。如图 2－32 所示。

图 2－32　顿悟——教育机会无处不在

以上就完成了“理论上”的推理，即从理论上分析，“教育机会无处不在”是可行的。要实现实际操作，还要补充以下必要条件。

一、细分教育内容，才能做到“教育机会无处不在”

细分了教育的内容，我们在干预孩子的想法和做法的时候，就可以参照执行。

我们把教育的内容分为智力和非智力两大板块，为了易于操作，又进一步做了如下细分：

智力板块的组成（做事）：认知、解决问题、创新。

非智力板块的组成（做人）：品德、行为习惯、意志和信念、目标和理想。

比如，意志教育的目标是培养独立、果断、坚韧、自制的优良意志品质。以这四种优良品质为参照的标准，依赖、懒惰、任性、放纵、轻易放弃、优柔寡断等表现就属于不当的想法和行为，如果在生活中出现这些不当的想法和言行，家长就要及时进行干预。

比如，“解决问题”的教育，就可以将自己的问题、别人的问题、社会生活中的问题与孩子一起分析讨论，让孩子学习大人是如何分析、思考和解决问题的。比如，白衬衣上染上了墨水，怎样清洗才更彻底？我们可以与孩子一起思考和行动。地理和历史方面的知识学习，需要识记、理解和背诵，但是孩子这方面是弱项，就应一起想办法突破记忆和背诵的难题。——与孩子一起想办法、解决问题的教育机会是非常多的。

人生理想的教育是以目标的教育为基础的。家长可以与孩子一起商定某个目标，一起努力实现这个目标。不断实现目标的过程，其实就是为理想教育打基础。比如，我们与孩子约定明年去爬某座高山，要实现这个目标，需要有计划地逐步提高身体素质，以此为目标坚持锻炼，为顺利登顶而努力。——我们与孩子一起为实现目标而努力的教育机会也非常多。

行为习惯的教育机会就更多了。通过学习行为习惯方面的教育知识，结合孩子的实际情况，利用简单易行的方法，就可以有效地塑造孩子的行为习惯，矫正不当的行为习惯。比如，孩子成绩不太好，是因为没有课前预习、课后复习等良好的学习习惯，家长就要以此为目标，促使孩子养成这些好习惯。通过观察，家长发现孩子很会关心人，就要及时表扬，及时对孩子进行好习惯的塑造。

明确了“教什么”的详细内容、详细标准，掌握了教育规律和教育方法，家长就可以做到“教育机会无处不在”。

二、在教育过程中，虚实互动必须有

教育的过程就是一个互动的过程。我们把双向互动进一步细化为“虚实的互动”，重点突出互动时的心态、互动中的教育内容。

实现互动的条件是和谐融洽的关系。

孩子怕家长，可能表现为家长对孩子平时就是居高临下的态度，训斥多、表扬少。家长和孩子表面上是一问一答的谈话沟通，实质上没有实现真正的互动，孩子对于家长的问话是被动的、被迫的。

孩子讨厌家长，可能表现为家长平时的言行让孩子反感，家长不能让孩子信服自己。表面上是一问一答，实质上没有实现真正的互动，孩子对于家长的回答可能是“有所保留的”、不真实的。

互动的方法主要是指家长和孩子之间的沟通技巧，包括互动的时机、互动的内容等。

家长要学习发问、倾听反馈、设置讨论话题等沟通技巧。“这次为什么又没有考好啊？坐过来说一说原因”，即使要探究没有考好的原因，也要学会问话的技巧，根据孩子的心境、氛围等因素循循善诱、逐步深入。

虚实互动：实，实在的教育内容（知识、能力和素质的教育）。虚，引导孩子形成“积极主动的心理状态”、打造亲子之间的亲密关系、营造外在的和谐氛围。

三、把握教育的全局：“教育就是一幅图”

我们用图形直观地描绘了教育的全局。有了这幅图，家长就可以做到把握全局、心中有数。

根据此图，家长在教育过程中就可以“照图自查”，哪些有欠缺，哪些是弱点，哪些有错误，全部清楚明了。

比如，修建房屋，如果要求是“建一座漂亮的房子”，这样的要求仍然很模糊，不好操作。如果把细化后的建造图纸交给你，上面分别有尺寸布局、建筑材料的要求、灯光颜色的要求等，你就可以做到心中有数、照图施工了。

四、简单的教育步骤：掌握规律—做—坚持做

这是个简单的行动模型，是针对当前教育中的三类典型问题而提炼出来的。比如，有一个小学生完成作业很困难，半天也写不了一个字。家长的普遍做法是“威逼 + 利诱”，即要么责罚、训斥、批评，要么哄着、劝着、说好话。正确的做法分三步走：一是根据孩子所处年龄阶段的身心特点，深究“不想做作业”这个现象背后的原因和规律；二是根据原因和规律，结合孩子的个性特点想出具体的办法和措施；三是想出的办法和措施要坚持做下去，在做的过程中进行动态调节。（孩子完成作业困难，总是多种原因共同作用的结果，需要一一对治、各个击破、综合完善。）

坚持做才能见到实效！

五、家长要学习提高

如果家长不懂教育，解决方法就是学习，并不断总结，不断提高。

有的人不知道基本的教育知识，这部分人需要学习这些知识。有的人了解一点教育知识，却不会应用，或者在应用中死板、教条，这部分人需要学习怎么运用教育知识。这两种情况是普遍存在的，所以我们有必要将学习教育知识和应用教育知识的方法进行整理，争取做到简单而系统，让普通家长易于学会。

教育主体需要不断地学习和提高，这是重点，也是难点，但是我们不能因为困难就轻易放弃。下面提供一些方法仅供参照，如表 2－2 所示。

表 2－2　陪着孩子一起成长（××××年××月；做到的打√，没有做到的打×）

事　项	内　容
虚实互动	平等、坦诚、尊重，发问、反馈，设置话题，深入沟通
教育机会多	传递正确的观念，纠正不当的观念，塑造正确的行为，纠正不当的行为
智力教育	认知，解决问题，创新
非智力教育	品德，行为习惯，意志和信念，目标和理想
自我总结：	

坚持做一个月以上的时间，家长就会有很多的感触。

要做到教育机会无处不在，家长要坚持学习，家长比孩子更需要学习，家长要和孩子一起成长。

（注：人的思想可以表现为某种言行，即说话、做事。为了表达方便，我们在有些段落中把“言行”称为“行为”“行动”“做法”。）

第三章
做人的品质
——非智力的教育

做人是做事的基础。中国的文化环境下，家长们非常重视教育孩子学会做人，做人不仅限于品德这一个点，还包括行为习惯、意志和信念、目标和理想等重要内容。

如何划分教育内容是一个很有争议的话题。本书把教育内容划分为两个板块：智力、非智力。

我们立足人的全面发展，以“易学、易懂、易于操作”为标准，将智力板块再次划分为认知、解决问题、创新三部分；非智力板块再次划分为品德、行为习惯、意志和信念、目标和理想四部分。如图3－1所示。

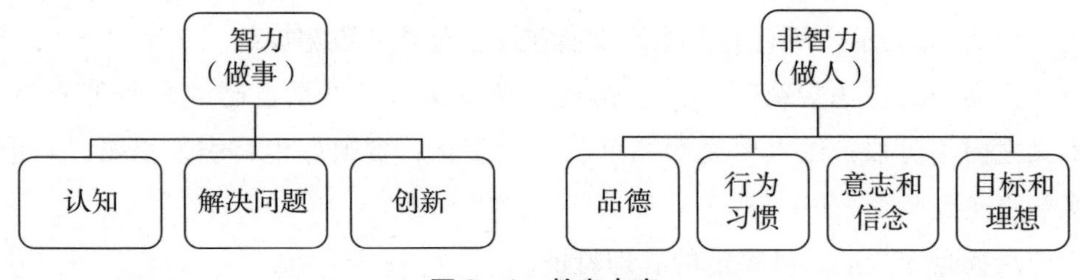

图3－1　教育内容

教育内容的清晰、明确，是“教育机会无处不在”的前提。

认知能力的教育，主要是在学校完成的。其余六部分的教育内容不是我们额外增加的，而是从教育活动中提炼出来的。

第一节　品德

“能看多远，靠的不是双眼，是胸怀，你装得下世界，世界才会容你。”

“让孩子学会做人”“先做人后做事”，这些广泛共识，是道德教育的有利环境。

现代教育中学会做人的含义是：学会关心他人、帮助他人，富有同情心、正义感等。

关于品德教育的书籍之中，其重点仍然是“应该有”“很重要”，列举一大堆应该有的品德名称，论证这些品德很重要。

品德的教育怎么做？首先对“品德”进行分解，其次学习品德形成的过程。

一、品德概述

道德：社会公认的规范、准则。比如，孝敬父母是社会公认的规则。

品德：道德在个人身上的体现。孝敬父母的道德准则，体现在个人身上：“这个人很孝顺。”

法律主要是靠警察、法庭、监狱等发挥作用。

道德主要是通过社会舆论、行为规范等发挥作用。

教育和榜样的作用，社会舆论的外在压力，让社会中的个人形成道德意识，让外在的道德规范“内化”为个人的品德。

道德规范约束着所有人。如图 3 –2 所示。

图 3 –2 表示，所有的个体都要遵守社会公认的道德规范。

生活中的道德规范很多：子女必须孝敬父母；不是自己的东西不能要；不义之财不可取；做人要光明磊落、堂堂正正；贪财好色将引发祸患；巧取豪夺将遭到唾弃……

品德是个人的一种稳定的心理特征。

二、品德的形成过程

1. 成长过程中逐渐形成

稳定的品德是在人的成长过程中“逐渐形成”的，正是由于这个特点，孩子的品德教育应该从小抓起。

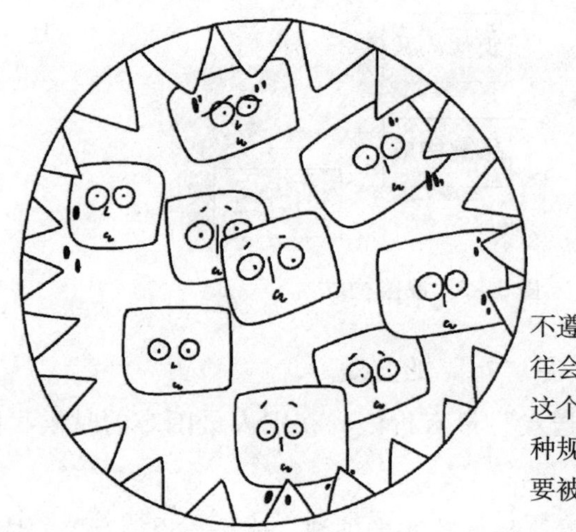

图 3－2　道德对人的约束作用

你告诉幼儿要尊敬长辈，在大人的要求下，他给老年人夹菜、端板凳，受到了表扬，他感到高兴，幼儿的道德行为是在成年人的推动下产生的。小学儿童知道破坏公共财物将受到惩罚、助人的行为会受到老师的表扬，小学儿童有一定的自觉性，但是家长的外在监督仍然是必要的。在个人的品德尚未“定型”的阶段所进行的道德教育，是最有效的。

2. 在不同的年龄阶段，人的品德呈现出不同的特点

我们对孩子进行的品德教育不能主观盲目、随心所欲。人在不同年龄阶段的道德心理、个性特点，是品德教育的两大依据。

父母和老师在道德方面的要求，对于幼儿和小学儿童的言行，有外在的规范作用，这种外在的影响力是立竿见影、非常明显的。

青春期的青少年比较敏感、渴望独立，如果对他们用重复的语言反复地进行道德方面的说教、唠叨，容易引起他们的反感。对于这个年龄阶段的孩子，应特别注意“身教重于言教”的规律，避免对孩子反复的说教和唠叨。

家长应该掌握孩子的个性特点，学习人在不同成长阶段的道德成长规律。

三、品德的分解

“品德”这个词语看似好懂，其实有点空洞。所以，我们要把它进行分解，分解之后再理解。如图 3－3 所示。

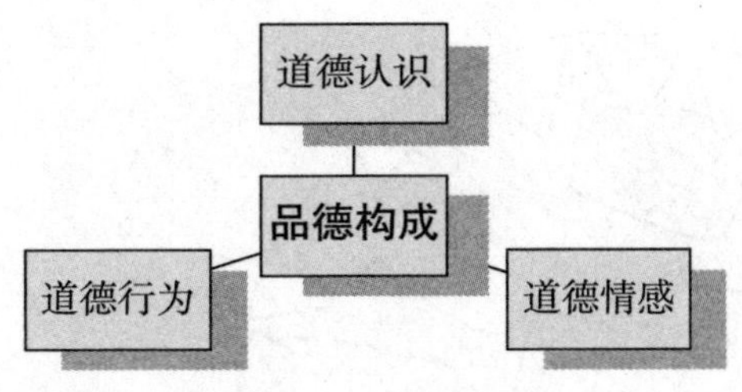

图 3－3　品德构成

道德认识是基础：“知”是“行”的前提。

知道“扶危济困、雪中送炭”最有价值，在别人最困难的时候我们更应该伸出援助之手。

道德情感是人的主观感受：是行动的推进剂，这是与道德有关的情感。

我们被敬老孝亲的道德模范感动，推动我们去孝敬自己身边的老人。

道德行为是品德教育的最终目的：只是知道、只是感动都不能产生实效。我们要把一切认识和情感都转化为行动，这才是道德教育的最终目的。道德行动的结果又反作用于人的思想意识，促使人形成高尚的道德情操。

1. 道德认识

品德的形成伴随着人的成长过程，道德认识的变化过程也是逐步发展、逐渐深刻的：零星的道德观念→（时间＋亲身经历）→道德信念→道德评价。

（1）零星的道德观念：对道德相关的知识、人、事、行为、现象等的认识和观念。比如，欺骗的行为是个不可原谅的大错；他砸坏了学校的玻璃应该赔偿；小偷偷了东西要被抓起来；说一套做一套的人不能交往……

（2）道德信念：对道德标准的正确性坚信不疑的态度。

零星的道德观念与坚定不移的态度是不同的。

比如，坚信占有不属于自己的东西、挑拨离间是错误的；坚信帮助别人是最快乐、最有价值的事；坚信“人有善念，天必佑之。”

道德信念的形成，如图 3－4 所示。

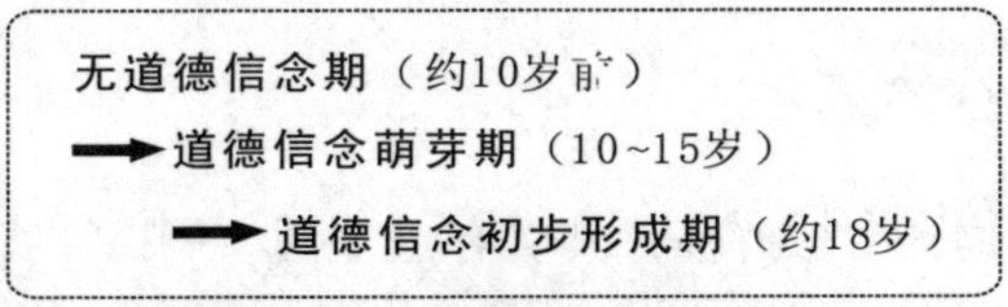

无道德信念期（约10岁前）
→道德信念萌芽期（10~15岁）
→道德信念初步形成期（约18岁）

图 3－4　道德信念的形成过程

学校德育工作的关键人物是班主任，在孩子道德信念的形成过程中，班主任的影响非常直接，非常重要。

（3）道德评价能力：评价各种道德现象、道德观念、道德行为的能力。

比如，几个朋友在一起喝茶聊天，其中有一个在背后说人坏话、揭人隐私、制造谣言，有道德评价能力的人能够做到“不信谣传谣”、明辨是非、批评劝阻这种不正确的做法。

道德评价能力的发展变化规律是：从“他律”到“自律”，从“对己”到“对人”，从片面到全面，从肤浅到深刻。

对孩子道德认识的教育，主要是促成孩子坚定的道德信念，引导孩子形成道德评价的能力。有了正确的、坚定的道德认识，就有了扎实的基础，一切道德教育都是建立在这个基础之上的。

中国古代的先贤们把很多道德认识，用非常简练的语言进行表述，读来朗朗上口，经过多次念诵，就会让人终生难忘，影响人一生的思维和行为。

节俭：一粥一饭，当思来之不易；半丝半缕，恒念物力维艰。

对待贫富贵贱的态度：见富贵而生谄容者，最可耻；遇贫穷而作骄态者，贱莫甚。

家和：居家戒争讼，讼则终凶。家和万事兴。

自省：因事相争，焉知非我之不是，须平心暗想。吾日三省吾身。

戒忌妒、戒幸灾乐祸：人有喜庆，不可生妒忌之心；人有祸患，不可生喜幸之心。

勤奋：天行健，君子以自强不息。天道酬勤。

好德：地势坤，君子以厚德载物。人有善念，天必佑之。暗示亏心，神目如电。

……

同样一个意思，我们用不同的语言进行表达，会收到不同的效果，这就是内容与形式的哲学关系，即同样的内容，以不同的形式表达，将会有不同的效果。

2. 道德情感

道德情感是与道德行为、道德观念、道德现象等有关的主观情感。

（1）自然的、直接的情感。

这类情感很多是本能的反应，如幼儿及小学儿童，因为违反社会道德规范被训斥和惩戒的时候会痛哭、流泪，因拾金不昧被老师表扬时会很高兴。

（2）预测个人得失引起的情感。

如偷窃了别人的东西，即将被发现，会失落、恐惧、焦虑不安。捡到一堆现金，等待失主来领取的时候，预想到失主的感谢、别人的赞赏，内心会有欣喜和满足的情感。

（3）遵循社会道德标准而行动的情感。

因为遵循社会道德，助人而生快乐、成人之美而生满足感，爱国爱家乡而生自豪感……

（4）内化为自身道德信念的情感。

坚定不移地按自己的道德信念而做事、说话，认为一切都理所当然，坚定而平静的情感。

3. 道德行为

有了道德行为，才能产生实效。

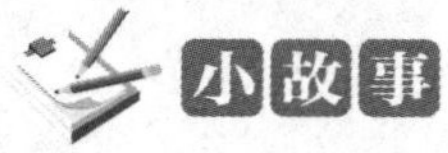

困惑少年的江湖义气

阿锋想了一晚上，最终决定离开学校。这个决定的直接原因，是他从别的老师口中得知孙老师因为阿锋扣了奖金。老师的工资是与及格率、升学率直接挂钩的。阿锋的英语一直很糟糕，英语老师肯定是要被扣工资的，但是作为班主任的孙老师，也被牵连了。

阿锋来到县城，很快找到了一个在餐馆里传菜的工作。县城里很多餐馆都贴了招聘广告，老板明知阿锋不到年龄，还是把他留下了。传菜的工作很轻松，就是把厨房炒好的菜，端到指定的桌子，会有另外的服务员把菜放到桌子上。

在餐馆上班是包吃包住的。上了一个月的班，单纯、直率的阿锋得到了大家的认可。发工资这一天，大家吃了饭就到外面去唱歌。阿锋第一次到这样的娱乐场所，餐馆老板端起一杯酒敬阿锋，阿锋突然感到一种莫名其妙的温暖，这种温暖是只有和敬爱的小学孙老师在一起才会有的。

唱完歌大家又出去吃夜宵。餐馆的老板喝得很醉，起身上厕所的时候，身体撞到了一个陌生的女子，引来了一顿暴打。其他人都傻在原地，阿锋冲了上去……

一个少年被一群酒鬼打成了重伤。

从以上案例可以看出，青少年的道德行为具有不稳定、突发性、偶然性的特点。

道德行为的发展有如下过程，从这个过程中，我们可以思考“道德教育怎么教”：

（1）他律的道德行为：受外在监督的道德行为。

他律的“他”，是指除自己以外的其他人。

这一类的道德行为，缺乏内在的道德动机、带有强制性的遵从，虽有一定的道德认识，但需要提醒、帮助或者监督，受当时的情境和环境影响，具有不稳定性。

幼儿看到花园里的花就想去采摘；小学低年级儿童到别人家做客，看见别人家里好玩的玩具就想要，看到诱人的食物就想吃。

（2）效法榜样的模仿性道德行为：已经带有主动性，仍然带有他律成分。

小学高年级及初中学生已经知道人们喜欢什么、讨厌什么，但是他们的自制力不强，看到好的东西仍然想据为己有；知道整人不对，仍把戏弄别人当成是乐事；知道破坏公私财物不对，仍会用石头把别人的玻璃砸碎就跑。

（3）形成道德习惯的道德行为：已经形成一定的道德需要，并逐渐内化。

初中、高中学生有了一定的生活经历，他们可以明显感受到高尚的人在社会中受到拥戴和尊重，下流无耻的人被人唾弃，由于主观上道德认识的提升，道德情感的丰富，促成了一系的道德习惯。

比如，在路上看到有人推车上坡，会上前帮忙；学校有重病的同学，有发自内心的捐款行动。

（4）独立自觉的道德行为：完全发自内心，无须社会监督，这就是品德境界中的“慎独”。

“人品就是你在黑暗里的为人。”

高中、大学及成年早期的道德行为，有时候不是为了做给别人看，或者受社会道德行为的约束而不得不做，独立自觉的道德行为开始出现。通俗地说，就是“不那样做的话，会感到心不安，睡不着觉的。”比如悄悄地资助困难学生、帮助残障人士、长年坚持做义工、长期坚持无偿献血等。

品德教育要根据人在不同的成长阶段的身心特点，结合道德认识、道德情感、道德行为三方面的发展变化，而灵活地教育。

综上总结如下。如图 3－5 所示。

图 3－5　道德行为的发展

四、品德教育的目标

社会大环境中的个人应该具备哪些方面的道德品质，是家长首先要考虑的问题。

婴幼儿和小学低年级的儿童，只能形成一些模糊的道德观念、不稳定的道德行为，所以道德教育的目标是动态的，是逐步发展变化的，这就是根据孩子所处的年龄阶段，进行适合的品德教育，力争使人在大学生及成年早期，形成社会公认的优秀的道德品质。

社会公认的优秀道德品质，就是社会大众对一个人进行道德评价的“尺子”，在中国，虽然人有千千万，各人心中的道德尺有千千万把，但是有些“尺子”是相同的：谦和、诚信、厚道、孝敬父母、尊重别人、遵守承诺、敢于担当……

我们把一些基本的道德品质罗列如下：

学会尊重别人，别人才会尊重我们自己——尊重。

为他人着想，是天下第一等学问——换位思考。

谦虚谨慎，戒骄戒躁——低调谦虚。

诚实守信，有诺必践——诚信，不轻易承诺。

恪尽职守，敢于担当——责任担当。

孝敬老人，爱护幼小——尊老爱幼，老吾老以及人之老，幼吾幼以及人之幼。

博爱善施，奉献为乐——为善最乐，付出和奉献。

天下为公，国家为大——大局意识。

光明磊落，坦荡做人——君子坦荡荡，小人常戚戚。

勿以善小而不为，勿以恶小而为之——善恶不分大小。

……

品德教育的依据有三点：一是人在不同年龄阶段的品德特点，二是品德的形成过程，三是孩子的个性特点。为了把品德的教育落实到位，我们就要学习人在不同年龄阶段的特点，学习品德的形成过程，观察和分析自家孩子的个性特点。

五、品德的教育过程及方法

对品德进行分解，进行分析，是品德教育的依据。

1. 建立正确的道德认识——晓之以理

主要方式：言教、身教、榜样、社会舆论，促成孩子的自觉、自省。

“晓之以理”应该综合使用前几种表达方式。言教与身教相统一，怎么说的，就怎样做给孩子看；同样的话，同样的说教，不宜反复地唠叨，要开动脑筋，对同一个观点，尽量采用不同的措辞、语句，避免孩子产生反感，产生抵触情绪。

家庭生活中的耳濡目染、熏陶、潜移默化，是输入道德观念的高明之法。特别是在孩子的幼儿、童年、少年时期，就种下各种优良道德品质的种子，比如，正直、自律、担当、包容等，这些种子会在孩子的身体内生根、发芽，深入骨髓。比如，诚信，是学会做人的基本的道德品质，我们要通过讲故事、讲道理、亲自示范等方式，让孩子对“诚信”产生深刻的认识。

责任感的教育，也是一项最基本的、必需的道德教育内容。我们要把责任感的教育融入生活，时时处处都要求孩子对自己的言行和决定负责。例如，对孩子说“对你的决定负责”，就是独立、果断与责任感教育的结合。

2. 深化正面积极的道德情感——动之以情

道德情感是产生道德行为的助推剂。有伤害人的行为，一般是先有想伤人的情感因素；有帮助人的行为，之前一定有想助人的情感。

具体操作上，可以通过各种方式让孩子观察各种道德现象，模仿积极正面的道德行为，从中亲身体验积极正面的道德情感。

道德情感的形成是潜移默化、循序渐进的。父母和老师善恶分明、立场坚定的道德情感，会对孩子产生直接的影响。

特别的是，我们要重视美育的重要作用。即关于美的教育——欣赏美、爱护美、表现美、塑造美的教育，有利于促使人形成高尚的道德情操。

原因很简单：对美的向往，会让人对丑恶的东西产生厌恶、回避的自然情感。

只有美育肯定是不够的，什么是丑恶的东西？对丑恶的认识必须深刻。

美育的具体操作：在幼儿、小学阶段，在书法、音乐、绘画等方面对孩子进行教育熏陶，教孩子学会欣赏美、塑造美、爱护美。

考试和考级不是我们的最终目标。同样是学习书法、绘画和音乐，最终目的不同，会有不同的结果。

一些积极正面的电影、电视作品、诗歌、小说等，有利于孩子形成正面的道德情感。比如看过《水浒传》的青少年，可能终生都受其影响，一生都很重视朋友之间的情谊。

家长重视美育，有利于孩子形成积极、正面的道德情感，但是不能推理出“有了美育，孩子就一定是一个高尚的人”。因为，道德教育是一个整体，这个整体由许多条件组成，包括道德信念、道德行为、道德环境、道德情感、道德意志等，美育只是其中的一个辅助条件。

儿子的第一堂书法课

父亲很早就告诉儿子，今天要送他一样特别的礼物。儿子放学回家，正在房间完成当天的作业。父亲敲开儿子的房门，送了儿子一把刻刀、一块印石、一本篆刻入门的书，儿子一脸的诧异。

在儿子吃惊之际，父亲把儿子引入书房，书桌上笔墨纸砚已经摆好，父亲拿起一支长锋毛笔，在纸上行云流水的写了几个字——“长风破浪会有时，直挂云帆济沧海”。从儿子的眼中，父亲已经看出了儿子对书法之美的喜爱，他抚摸着儿子的头，语重心长地说：“你以后的作品将盖上你的印章，装裱之后，挂在我们家客厅的墙上。”

父亲离开坐椅让儿子坐着，亲自教导他对照字帖写了几个字。父亲关门离开，儿子继续练习。30 分钟以后，儿子跑来告诉父亲，他以后每天都想练一会儿毛笔字。

所以，家长要激发孩子的学习兴趣，一切的学习都要有一个好的开始。

教育不仅是一门技术，而且是一门艺术。美育是培养高尚道德情操的有效办法。

“儿子的第一堂书法课”故事情节，如图 3－6 所示。

图 3－6 “儿子的第一堂书法课”故事情节示意

3. 重复正确的行为——持之以恒

正确行为的重复、坚持做，正确行为的正面反馈（他人的赞扬和肯定），重复所产生的惯性力量等，随着时间的推移，会促使人形成一系列的道德习惯。

持之以恒的第一步，就是有了第一个行动。

道德认识是基础，积极正面的道德情感，将产生积极正面的道德行为，这是水到渠成的事情。但是“做一件好事容易，做一辈子好事难”。

只有坚持做，一定次数的重复，经过一定的时间周期，道德行为才会“内化”为道德习惯。比如，理解他人和尊重他人的基础都是换位思考，我们可以专门用一个时间周期，引导孩子形成“换位思考”的习惯。

城里的孩子和山区的孩子搞一对一的手拉手活动。经过老师的介绍，城里的孩子们会产生一定的道德认识：山区的孩子们朴实勤劳，但学习条件艰苦，应该尽自己一点薄力帮助他们。城里的孩子们会对山区的孩子产生同情、愿意帮助的道德情感。在老师或者学校的组织安排下，城里的孩子们会有积极的道德行为，比如和山区的孩子们通信、假期里把山区的孩子接到城里一起生活、为他们买点学习用品、把自己的课外书和玩具送给山区的孩子等。这一类帮助别人的行为，经过一个时间周期的重复，一定数量的累积，才能内化为稳定的道德习惯。

4. 创造道德教育的有利环境

这里所说的道德环境，是指家长可以控制的家庭环境、微观的社会环境。

家庭环境：如家庭结构的完整、家庭氛围的和谐友好、家长不断提高自身的道德修养等。

社会环境：如电视电影的种类、校外友伴的道德行为、孩子接触的亲戚邻居等。

综上总结如下。如图 3 -7 所示。

——————创造有利的道德教育的环境——————

道德认识

传递零星的道德观念——→促成孩子形成道德信念——→引导孩子形成道德评价能力

道德情感

引导孩子形成积极正面的道德情感：

家庭和学校的耳濡目染、熏陶影响：电影、电视、文学作品的间接影响。

道德行为

错误的纠正，正确的塑造。

——————创造有利的道德教育的环境——————

图 3 -7　道德教育的全局

六、不同年龄阶段的品德教育

1. 幼儿阶段的道德教育

处于幼儿期的儿童，在道德发展水平上，处于“他律阶段”，就是以他人的要求作为自己行为的标准。小孩子走到电风扇跟前，自言自语地说“爸爸说不能搞电风扇”。在这个阶段，家长的影响是很有效的。

如前文所述，品德教育是由道德认知、道德情感和道德行为组成的。

道德是社会行为的规范。品德是道德规范在个人身上的内化和体现，对于幼儿，这种“内化”还无法实现。我们要让幼儿知道有些事不能做，有些事做了之后可以得到表扬和奖励。

在幼儿阶段，道德教育的主要任务是：

（1）建立正确的道德认知：初步知晓什么可以做，什么不可以做。

教给幼儿对行为的正确认知，让幼儿知道哪些做对了，哪些做错了，为什么错，为什么对，并对自己的行为产生一定的预测，即可以预测做错了会受到惩罚，做对了会受到奖励。

对于幼儿阶段的行为规范和道德认识，以什么方式展现、以什么方式传递给他们，就是这个阶段品德教育的思考重点，传递的主要方式是：语言 + 画面。

场景就是一种画面：

一是示范。爸爸做给你看一遍，这才是正确的做法。

二是场景再现。像你刚才那样做一遍，那样就是错误的。

三是回忆。“今天你都看到了些什么呢？”

（2）幼儿的道德情感：家长有意表露自己的道德情感，直接影响幼儿。

道德情感的培养同样是一项系统工程。

家长对某些事情、做法的情感态度，对幼儿有直接的影响。幼儿通过与家长的交流，知道做了什么样的事情，家长会“生气”、会“高兴”、会“讨厌”……

（3）塑造幼儿正确的道德行为。

道德行为塑造主要是矫正不良行为，鼓励正确做法。

在幼儿阶段，道德教育的方式应以“展示 + 看、做 + 看”为主。地上有垃圾，大人弯腰下去捡起来，问小朋友："垃圾不能到处乱扔，应该扔在哪里啊?"引起小朋友的互动之后，当着他的面，把垃圾扔到了垃圾桶里，这就是"做+看"。关于道德方面的抽象语言、抽象观点，都应进行"处理"，变成幼儿能够理解的通俗语言。

"替他人着想是天下第一等学问。"关心尊重他人是重要的道德教育内容。

对幼儿不当的道德行为的正负刺激，是简单易行的方法，可以很快地显现出效果。允许幼儿犯错误，告诉他改了就好。而不要打骂幼儿，以免他因害怕惩罚而说谎。

(4) 美育——培养高尚道德情操的重要方法。

水可以灭火，美可以阻挡丑恶的侵蚀。

每个幼儿心里都有一颗美的种子。我们对幼儿的美育教育要做的"加法"有以下三点：

一是创造条件和机会。家长有了这方面的意识，生活中对幼儿进行美育的机会就多了："你看这朵小花多美啊!""小麻雀的歌声真美!"……

二是促成美的萌芽。幼儿有着丰富的想象力和创造力，促成美的萌芽的领域主要是大自然和社会文化生活两个领域。这一点要用到的动词是"引导"。

三是培养美育的能力。发现美、感受美；表现美、创造美。

对幼儿的美育要防止做"减法"：幼儿对美的感受和表现比较特别，家长应给予充分的理解和尊重，不能用自己的审美标准去评判幼儿，更不能按照自认为"完美"的标准对幼儿进行残酷的训练，避免扼杀孩子想象与创造的萌芽。

培养美育的能力的要点：

第一，感受美与欣赏美。

我们要创造条件让幼儿感受有形的美。有形的美主要是指各种美的有形载体——各种艺术形式、各类艺术作品。例如：

音乐作品：中华传统乐器、中外名曲、各种经典歌曲等。

绘画雕塑作品：中外名画、精典雕塑品、儿童绘画、各种类型的绘画。

手工制品：手工艺产品、木工制品等。

传统民间艺术：皮影戏、剪纸、捏面人。

地方民俗文化活动：庙会、地方艺术节。

各种场馆：剧院、博物馆、美术馆。

第二，打造表现美和塑造美的环境。

美育的硬环境：提供材料、工具，提供场所环境，支持幼儿进行自主绘画、手工、歌唱、表演等艺术活动。

美育的软环境：营造轻松的心理氛围，让幼儿敢于并乐于表现；家长用语言和表情肯定、支持幼儿对美的表现和欣赏；欣赏和回应幼儿的哼哼唱唱、模仿表演等自发的艺术活动，赞赏他独特的表现方式；家长参与，经常和幼儿一起唱歌、表演、绘画、制作，共同分享艺术活动的乐趣，经常展示幼儿的作品。如图 3－8 所示。

图 3－8　音乐和绘画都是美育的方式

第三，提升幼儿表现美和创造美的能力。

家长直接提供指导和引导。比如，“你演小白兔再可爱一点，你演的大灰狼再凶一点”“如果狮子的尾巴涂这种颜色就更威猛了”。

家长为孩子提供向专业老师学习的机会。观察、发掘孩子的艺术特长，激发孩子的学习兴趣。艺术的专业学习和训练不宜偏激，避免走向“艺术训练应试化”。

家长提供必要的硬件支持。提供丰富的材料，如图书、照片、绘画或音乐作品等，提供学费，提供场所。

2. 小学阶段的品德教育

(1) 小学儿童道德方面的特点。

道德认识方面，小学儿童通过语言理解和行为观察，已经能够明白老师和家长的道德要求，知道什么可以做，什么不可以做，知道社会大众赞许的行为和批评的行为，初步建立起“正确、错误，支持、反对，赞扬、批评”等认识。

小学儿童的道德认识，还带有很强的依附性，即依附于权威（教师、家长）的观点。

一是在道德情感方面，小学儿童的道德情感最初来自模仿，在儿童在场的情况下，家长和教师道德情感的外在表露，对他们有着重要影响。

小学儿童会在道德实践和学习中逐渐形成一些与道德有关的情感：爱国主义情感、集体荣誉感、义务感、责任感、正义感、良心、羞耻等。比如，他们会对班级在运动会的成绩表露出明显的情感，会对有偷盗行为的同学表现出鄙视等。

培养正确的道德情感是我们的教育目标。

具体做法是输入和干预。输入正常、正确的道德情感和立场，干预不妥当的道德情感，比如，对于幸灾乐祸的表现应该及时纠正。

二是在道德行为方面，小学阶段是初步自律的形成时期。

小学阶段也是言行是否一致的分化期：小学时期的儿童，年龄越小，言行越一致，他们动机简单，不善于遮蔽自己的行为。在小学四、五年级，随着年龄增长，出现了言行一致和言行不一致的分化，多数孩子开始撒谎、耍小聪明等。

自律是发自内心的要求而形成的纪律习惯，而不是依靠外力的强制。小学儿童，特别是高年级儿童，已经可以做到道德行为的初步自律。

影响小学儿童道德行为习惯的因素有社会性强化（社会大众对某行为的认可或者否定）、榜样的作用、行为的后果、主动的训练。

(2) 小学儿童的道德教育方法。

根据以上分析，对于小学儿童的品德教育，做法如下：

一是传递正确的道德观念和道德规范。家长要将品德方面的立场和要求，以恰当的方式，准确、及时地传递给孩子。比如，违反了道德规范就必须受到惩罚、对长辈必须尊重、信守承诺等都是原则性的要求。什么必须做、什么不可以做，这些规矩、规范要让小学儿童清楚明白。

引导小学儿童学习中华传统经典、诗词中的有益内容，通过诵读、收听的方式，让正面、积极的道德观念植入孩子的潜意识。这种做法在理论上是可行的，实践中也验证了这种做法的正确性，但是对于普通家长而言，必须把握分寸、防止偏激。

二是促使孩子形成正面的道德情感。家长、教师通过自己的亲身示范，言语沟通、面部表情等身体语言，直接影响小学儿童的道德情感，促使他们形成正确的道德情感。同时我们要仔细观察、认真分析，掌握孩子在道德情感方面的情况。

影视作品、各种大众传媒都会直接影响小学儿童的道德情感的形成。正确的做法是，家长应该密切关注孩子能接触到的外界信息，避免不良信息的侵蚀，导入积极正面的道德情感。比如孩子经常看带有“幸灾乐祸”情节的动画片，就会形成“幸灾乐祸”的情感，看到别人倒霉、有祸事，反而感到高兴。家长要密切关注，及时纠正这一类不当的道德情感。

三是塑造孩子正确的道德行为。正确的道德行为，是我们进行道德教育的最终目标。在正确道德观念和道德情感的基础上，正确的道德行为似乎是水到渠成的事情，实际上道德行为的做与坚持做过程中，需要意志调控。所以说，教育是一个整体。

根据小学儿童的身心特点，家长要努力塑造正确的道德行为，及时矫正不当的道德行为。

3. 中学阶段的品德教育

在道德方面的发展，中学阶段的初中仍处在“他律”向“自律”过渡阶段，中学阶段的高中，随着年龄的增长，自律逐渐增强。

（1）中学生道德方面的特点。

一是道德信念。道德信念是坚信道德观念的正确性，坚定地相信应该做什么、坚持什么、不能做什么。

零散的道德认识和观念，逐步演化为道德信念的过程，是一个漫长的时间过程。

初中阶段，道德信念尚未稳定，具有可塑性，向初中学生传递什么样的道德观念就显得特别重要。有条件的学校应该积极开展普法教育，请公安、法院、检察院的人员，以图片、故事、电影等生动直观的方式，向青少年传播基本的法律知识，防止青少年因无知而犯罪，在初中学生的心中种下“规范、规则和法律”的种子。

在道德观念形成的中学阶段，如果发生了与原有观念不相符的事件，或者中学生所尊敬、崇拜的人传递了与原有观念相冲突的观念，中学生会出现非常矛盾的道德判断，这将影响孩子某些道德信念的形成。如见义勇为者，流血又流泪的事件；自己崇拜的表哥，提出了与自己现有观念相反的观点等。

英雄流血又流泪

这样的故事我们经常会看到——英雄抓贼，被贼砍伤。很不幸的是，这样的故事，今天在某个学校的门口再次发生了。

几个校外的年轻地痞在学校的门口纠缠学校的两名女学生，这所中学的学生和老师没有人上前阻止，反而是街对面的理发店的两个年轻人“路见不平一声吼”，勇敢地站了出来，吓跑了几个地痞。只不过吓跑地痞的，并不是路见不平的一声吼，而是他们身上喷溅的鲜血。

两个年轻人被紧急送往医院抢救。与大家的预期相反，两个女生的家长并没有站出来，根据私下里传出来的小道消息，两名女生的家长还在埋怨两个年轻人“多管闲事”。

“英雄流血又流泪”故事情节，如图 3－9 所示。

二是形成正确的道德情感。中学生的道德情感更加丰富多彩。有些影视作品中的场景，如江湖兄弟之间的忠肝义胆、两肋插刀、生死离别，常常引起青少年的情感共鸣。引导青少年形成正面的道德情感，有利于青少年在道德行为中的取舍，如选择帮助别人和“亲社会”的行为，反对背信弃义、见利忘义的行为，远离损人利己、破坏社会的行为，远离恶友。

中学阶段的青少年，道德情感尚未稳固，很容易受到外在力量的影响。

图 3－9 “英雄流血又流泪”故事情节示意

父母、师长、榜样的情感表现，对初中青少年可以形成巨大的影响。在教育过程中，父母、师长可以故意对各种道德行为表露自己的情感，直接影响中学生道德情感的形成。

三是中学生的道德行为。在道德观念和道德情感的综合作用下，中学生会产生一些道德行为。这些道德行为都是不稳定的。

教育的重点是关注中学生的道德行为，及时纠正错误的行为，肯定正确的行为。对已经出现的错误的道德行为，要及时纠正、深究原因、深入沟通、督促改正。

（2）中学生道德教育的实施。

教育全过程：“输入正确的道德信念→促成正确的道德情感→塑造正确的道德行为”这三个步骤看似有先后顺序，其实又是在同步运行。

与前面讲过的规律相同，道德观念、道德情感、道德行为三方面信息的表达方式与传送方式，仍以场景、图片为主，以语言为辅，即我们常说的“身教重于言教”。

身教就是亲自做的过程，这个过程是以画面和场景的方式传递给孩子的。我们自身在道德方面的情感的表露，如脸部表情等身体语言是以“画面”的方式传递的。但有些家长的品德很差、自律不严，要想教出品德高尚的孩子难度非常大。

中学生正处于人生的第二个独立期，渴望独立但仍存有对父母的依恋，这是这一年龄阶段的普遍规律。

道德教育的普遍规律，还要结合中学生的个人特点，如性格的内向或者外向、家庭背景、童年的经历、语言领悟能力、意志品质等，家长要根据这些更细的特点进行道德观念、道德情感、道德行为三方面的教育。

对孩子进行品德教育的过程中，有时候要循循善诱，而有的时候则要“当头棒喝”。

4. 大学及成年初期的品德教育

大学生及成年初期是道德品质逐步提升、巩固定型的重要阶段。

（1）大学生在道德方面的特点。

道德认识方面，大学生对全社会公认的道德行为规范已经基本知晓。比如，大学生们知道诚信、责任是基本的道德底线。

道德情感方面，大学生已经具备比较稳定的道德情感。如对不忠不义的行为反感、对自私自利的人疏远。

道德行为方面，大学生的道德行为相对于中学生更加稳定。但是道德认识和道德情感不一定会转为道德行为。

（2）大学生的道德教育。

大学生的品德教育，是以自我学习、自我反省为主要形式的。

与中小学生不同，大学生心智更加成熟，自觉、自控能力的提升，道德教育的形式以自我教育为主，但是教师及家长的影响作用，仍然不可忽视。

大学生品德教育的难点和重点是“知行合一”。

在道德认知和道德情感的综合作用下，道德行为不一定会产生，道德行为的产生是多种因素共同作用的结果。在别人危难之时，很多人只有感慨而没有伸出援助之手的行动。

知行合一很难，知行合一的范围非常广泛，比如，知道责任与践行责任的统一，知道勤奋与践行勤奋的统一，等等。

第二节　行为习惯

很多通俗的教育书籍，都将行为习惯作为教育的重点内容。

在各种传播媒体的极力渲染下，“养成好习惯”成了重点话题，好的行为习惯让人受益一生，这是毋庸置疑的。同时，我们也不要忽视其他优秀品质的教育。

幼儿和小学生的行为习惯教育，家长和老师的作用很重要。只要方法得当，通过要求、引导，让孩子形成好的行为习惯并不是难事。

到初中的时候，孩子的行为习惯已经有了一定的惯性力量，所以，在中学之前的行为教育是尤为重要的。

大学生对于行为习惯的教育，主要是自我教育。大学生的行为习惯已经成形、定型，要想改变的话，这个改变的过程面临巨大的自我挑战。

行为习惯的教育虽然非常重要，但这只是整个教育全局中的一个点，请家长们记住教育是一个全局。

我们不是把重点集中于“应该有、很重要”，而是深入分析行为习惯的形成过程，引导家长思考行为习惯的教育方法。

一、行为习惯的通俗解释

1. 习惯就是自动化的一贯想法和做法

一贯是指一直是这样，是比较稳定的表现。

自动化是指不经思考、自动发生、自然产生。

习惯性的想法综合起来，就形成了某种心态。某种心态，会表现为外在的行为。

自动化的做法，是不经大脑思考的自然反应。当某种想法和做法，不经过思考，下意识地、自动地流露的时候，这种想法和做法就已经成为了习惯。比如，有些人讲话的时候，手也会不停地比画；有的学生写作业的时候会不停地咬笔头；等等。这些都是简单的习惯。

更复杂的习惯，比如我们在做事之前，总是会做好充足的准备、详细的计划。我们在做出重大决策之前，会仔细权衡利弊得失。好的做事习惯，会让我们受益一生。

2. 行为习惯的形成过程

这些自动化的做法是怎么产生的呢？针对这个问题，我们要探究“行为习惯”形成的过程。认识了这个过程，才知道如何进行“行为习惯的教育”。

我们把这个形成过程通俗地做如下表述，如图 3－10 所示。

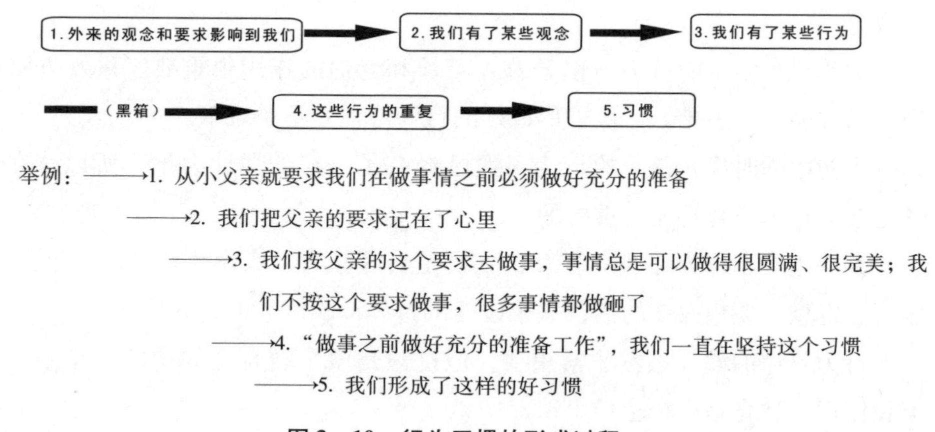

图 3－10　行为习惯的形成过程

从图 3－10，可以看出行为习惯的起始点是外来的观念和要求影响了我们，别人说了什么、做了什么、对我们要求了什么，这些是行为习惯的起始点。

我们要及时肯定孩子的正确做法和想法，也要严肃指出孩子的错误。我们会受到别人的影响。于是，我们就形成了某些观念，在这些观念的作用下，我们有了外在的行为。行为的不断重复之后，就会形成习惯。

3. 黑箱

这个黑箱是什么呢？

这个黑箱，就是"思维和行为的相互作用"。如图 3－11 所示。

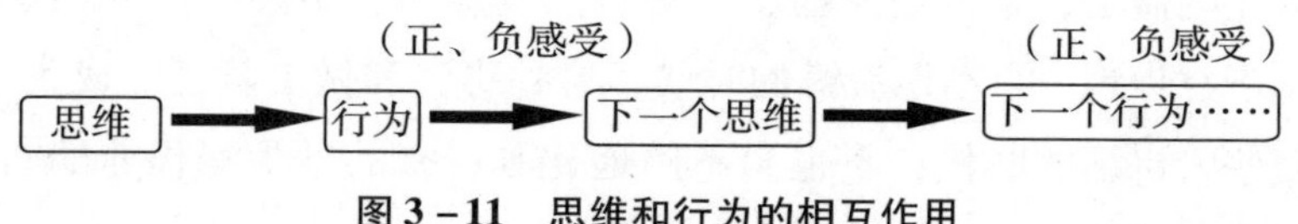

图 3－11　思维和行为的相互作用

我们用一个情景再现——"丁丁的思维和行为"来演示这个黑箱：

——→1. 思维：丁丁发现邻桌同学的书包里有他爸妈给的零花钱，很想去偷来买巧克力吃。

——→2. 行为：丁丁成功地偷到了同学包里的五元钱。

——→3.（正、负感受）：丁丁用偷来的钱买了巧克力，感觉太好了。

——→4. 下一个思维：丁丁期待着下一次再去偷同学的钱。

——→5. 下一个行为：丁丁又去偷了同学的钱。

——→6.（正、负感受）：同学把钱被偷几次的事告诉了老师，丁丁再一次偷钱的时候被老师和同学现场逮到了。老师的严厉批评、家长的责罚、同学们的鄙视，让丁丁感到了前所未有的沮丧。

——→7. 下一个思维：再也不敢去偷同学的钱了。

“丁丁的思维和行为”情景再现，如图 3 – 12 所示。

图 3 – 12　丁丁从同学的包里偷钱，被老师和同学当场逮住

行为习惯一旦形成，会残存一定的惯性，上述例子的下一个思维“再也不敢去偷同学的钱了”只是受到惩罚之后的暂时想法。如果丁丁已经偷钱上瘾，当下一次发现别人包里有钱的时候，他会眼睛发亮，再次产生想去偷的自动化想法，同时又怕受到老师和家长的惩罚，丁丁会出现这种非常矛盾的心理。

我们把这样复杂的事情，简化为思维和行为的相互作用，适合普通家长迅速地记住。

要注意：观念和行为是相互影响的螺旋状递进的状态。

二、行为习惯与性格的关系

1. 性格的形成，是多种因素共同作用的结果

行为习惯只在某种程度上影响性格的形成，最广为流传的提法是思维→行为→习惯→性格，这个观点把“习惯”的作用看得偏重。

辩证法认为，每种结果总是多种因素共同作用的合力，行为习惯只是影响性格形成的因素之一。

影响性格的因素有三：先天遗传、后天环境和后天的行为。但人为改变的只有两方面：后天的小环境、后天的行为。

后天的行为就是人在出生后的言行、亲身经历。通过教育，家长可以指导和引导孩子的思想、言行，从而影响孩子性格的形成。

后天的小环境是指我们生活的家庭环境、周边可以直接接触到的社会环境、直接打交道的人际圈子。

行为习惯对性格的形成至关重要，但是不能过分夸大行为习惯的作用。比如，有的人因为先天遗传的原因，个人的性格非常内向，虽然经过后天的巨大努力，仍会留有很深的内向的印迹。

2. 性格的组成

性格不仅包括“习惯性的做法”，还包括稳定的态度。

各种观念的打包、“观念与行为的相互作用”都必然影响到人的心态，让人形成某种稳定的心态。

态度和行为一直相互作用，某种心态会导致一系列的行为，行为的结果又会影响人的心态。比如，我们教育孩子认真对待每一件小事，这种做法会导致一系列的结果。只要认真做事，大部分事情都可以做得很好。

认真写字，字迹必然工整。认真听讲，学习必然不差。事情做好了，自己会有成就感，也会得到别人的认可。这些结果会反过来影响孩子的想法，影响孩子的心态，让他继续保持认真做事的心态。

在孩子处于幼儿、小学、初中三个阶段时，就是俗称的童年和少年时期，父母积极的心态，会对孩子形成直接的影响，容易让孩子形成积极的心态。

三、目标：养成一系列的好习惯

从“思维和行为的相互作用”的过程中，我们可以感悟教育的微妙：思维与行为是不断重复地相互作用、螺旋式向前推进的过程。具体应该养成哪些好习惯，应该根据孩子所属的年龄阶段而定。

生活习惯：早睡早起、饮食有度、健康饮食、讲究卫生、生活自立、培养有益的兴趣、劳逸结合、言出必行、以行动为主、重要的事先做、知性理智、学会赞美、幽默风趣……

学习习惯：预习、复习、全面分析、深刻总结、制订学习计划、学会发问、学会深思、认真书写、大量阅读、对知识梳理总结、专注专攻、博学多能……

工作习惯：敬业尽责、日事日毕、全面细致、先做后说、与人合作、珍惜时间、高效工作、追求卓越、切勿主观……

处理事情的习惯：分析原因、制订计划、确定行动步骤、准备备选方案……

意志品质方面的习惯：坚持不懈、独立自主、冷静思考、坚强自信、奋斗为乐、自我克制、收放有余、能屈能伸……

道德情操方面的习惯：勤劳节俭、尊重别人、替他人着想、乐善好施、敬老孝亲、忠肝义胆、劳动为乐、讲究文明、礼貌待人、豁达大度、严于律己、反省总结、谦让感恩、低调做人……

关于行为习惯方面的目标非常多，所以我们一定要掌握“行为习惯的形成过程”，从这个过程中去领悟行为习惯的教育。

四、行为习惯的教育过程

行为习惯的教育必须依据行为习惯的形成过程。如图 3－13 所示。

家长教（传递正确的观念、要求）

——→孩子知道（孩子形成正确的观念）

——→做（将观念落实于行动、形成正确言行）

——→坚持做（正确言行的重复）

举例：“以行动为主”的习惯的教育过程。父母的做事风格会极大地影响孩子的行为习惯。

家长教：把“以行动为主”的要求传递给孩子、并亲自做给孩子看。

——→孩子知道：孩子知道了凡事要“以行动为主”。

——→做：孩子有了“以行动为主”的做法。

——→坚持做：坚持“以行动为主”的做法，家长根据孩子的年龄特点，施以外在的监督引导。

图 3－13　行为习惯教育与行为习惯形成过程

1. 个别的行为习惯的矫正或者塑造

我们可以把某些行为习惯单列出来，在一个专门的时间阶段里，比如一个月、两个月，专门“养成”某些行为习惯，或者专门“改掉”某些行为习惯。

这种以养成某个、某些习惯的专门教育，是整个教育全局中的一个点，这个点不能脱离教育的全局。点，永远只是一个点。

正确行为的坚持做，是行为塑造的主要方法。以“养成这些行为习惯”为目标，专门坚持做一段时间，形成某种惯性。比如早起锻炼身体的习惯，家长坚持与孩子一起做，一同早起，一起锻炼，经过一个时间周期，就会在一定程度上形成“早起锻炼”的惯性。

某个专门时间段的习惯可以通过列表的形式反映出来。如表 3－1 所示。

表 3－1　某个专门时间段的习惯单列与评估

时间及反馈	本月应该养成的好习惯	本月应该改掉的坏习惯
2012 年 9 月	以行动为主	拖延、侥幸
1 日	○	*
2 日	*	*
3 日	○	○
4 日	○	○

注：○代表好，*代表差。

2. 将行为习惯的教育融入日常生活

（1）抓住生活中的一切教育机会，输入正确的观念和要求，纠正错误的观念和想法。

在不同的成长阶段，根据各阶段的特点，我们要对孩子提出行为习惯方面的要求。为了让孩子正确理解这些观念和要求，要注意亲子之间信息传递的方式。具体方式有语言、图片、场景、亲自示范、视频等。

“语言＋图形”的综合表达方式是教育过程中信息传递的最佳组合。

很多信息的表达，语言都是苍白无力的。亲自的示范、身教的画面和场景就是一种图形的信息传达方式。

（2）抓住一切教育机会，引导维持正确的做法，矫正不当的做法。

引导维持正确的做法，就是我们通常说的“行为塑造”。

树立不怕麻烦、勤奋的习惯，就可以改掉懒散、拖延的习惯。树立实事求是、凡事验证的习惯，就可以改掉侥幸的习惯。

在人的一生之中，懒散、拖延和侥幸三个坏习惯的破坏力非常强大。现在有很多“行知学校”，主要就是针对网瘾成灾的学生。对于在日常生活中，初次发生、偶然发生的不当行为，主要用好行为矫正的方法，尽早、及时矫正才是上策。

简单易学的行为矫正方法主要是正负刺激法。

对于正确的做法和想法，给予一个正面的回应，这些回应是肯定、支持、表扬、鼓励，带来的是愉快的感觉。对于错误的做法和想法，给予一个负面的回应，这些回应是否定、反对、批评、训诫，带来的是不愉快的感觉。

把握正负刺激的轻重、节奏、时机就属于更细一步的教育艺术。比如惩罚过重，孩子心中会有怨气，如果孩子因为怨气与家长对抗，会引发亲子之间更进一步的不和谐；如果孩子迫于家长的强势而屈服，把怨气憋在心里，会影响孩子的身心健康，怨气积聚之后爆发的破坏力很大。

（3）矫正之前的充分沟通。

实施行为矫正的具体行动之前有一个前提条件，这个前提条件往往容易被人们忽视，就是行为矫正之前的充分沟通。

行为矫正之前沟通的内容首要的就是重新评价该行为，争取对该行为达成一致的结论。在这个环节上，亲子、师生之间通常会有分歧，即正误的结论不一样，一方认为是错的，另一方认为是对的，双方对行为本身的根本性质的认识不能达成一致；对错误的程度判断不一样，一方认为是小错误，另一方认为是大错误。

情景再现、过程回放，可以让孩子重新审视自己的言行。如图 3 – 14 所示。

过程回放和情景再现的办法，可以让孩子深刻认识、重新审视自己的言行。就行为本身的结论达成一致之后，再实施行为矫正的具体操作，这是一个不可缺少的环节。

情景再现、过程回放，有利于正确评价、重新审视行为本身。重新评价的过程，也是亲子之间深度沟通的过程。比如，周末一家人计划回去看望爷

图 3－14　情景再现的过程回放示意

爷奶奶，上小学的孩子不愿意回去，因此亲子之间发生了激烈的冲突。孩子认为自己没有错，因为他已经约好了和同学一起玩，要遵守承诺。爸爸认为孩子犯了大错，尊敬老人是比天还大的事情。

行为矫正之前，要与孩子约定奖惩的细节。

行为矫正之前沟通的第二个重要内容是，就奖惩的标准提前与孩子进行沟通。这样，孩子可以预测自己的行为将带来什么样的惩罚结果。在这样的前提下，针对行为矫正而实行的奖惩，孩子是心服口服的。比如，第一次发现上初中的孩子抽烟，家长进行警告，对该做法进行沟通，对青少年抽烟是错误的观点达成一致，对再次发现抽烟如何惩罚进行约定，当下一次孩子被发现仍在抽烟的时候，他心里完全能够预测到会有什么样的惩罚。我们按原先的约定进行的惩罚，在孩子的心里是完全可以接受的，不会产生怨气。当然从解决问题的角度出发，我们要深刻分析青少年抽烟的原因，根据原因，对症下药。

对孩子的行为进行正面或者负面的刺激，会产生不同的效果。孩子有了不良行为，家长没有及时地进行负面刺激（纠正、批评），实际上就是对孩子的无形的鼓励。孩子会认为这个不良行为是可以接受的，有可能发展成一个坏习惯。

同样的，当孩子有良好的行为，父母、老师没有注意到，没有及时表扬和鼓励，孩子没有受到正面的刺激，这种良好的行为可能不会重复发生。

（4）巩固成果。

整合各种力量，促成好的行为习惯可以坚持下去。

从初步养成某种习惯，到正确行为的不断重复，就是从“做”到“坚持做”的数量累积。为了引导孩子坚持正确的行为习惯，家长要学会“过程控制”，反复学习“三段式教育方法”（掌握规律—做—坚持做）。

比如，事情有轻重缓急之分，“重要的事情先做”就是一个好习惯。我们要用好推动力，对孩子提出要求，要求他们“重要的事情先做”，并且要在实际的生活和学习中做到提醒和监督。“重要的事情先做”的做法在不断重复中，这个好习惯也就正在形成之中。

（5）干预相关的其他因素。

我们要多方面用力，影响行为习惯形成的环境、情感、心态、认识等因素。

一些已经养成的好习惯，随着时间的推移，随着环境等外在条件的变化，可能淡化，甚至消失。无论是孩子还是成年人，行为习惯的教育都是应该付诸一生的重要事情。

大道无形，这种“干预”是融于生活之中的，时时处处我们皆有机会干预与行为习惯有关的其他因素。在教育过程中，干预“影响行为习惯形成的因素”，能够促成优良行为习惯的尽快形成，或者不良习惯的尽快矫正。比如，打造有利于优良行为习惯形成的家庭环境，培养孩子良好的心态，让孩子深刻认识到“好习惯”的作用，引导孩子养成积极的情感倾向等。

只要开始行动，一切都为时不晚。

五、各年龄阶段行为习惯的教育

1. 幼儿阶段行为习惯的教育

（1）幼儿期行为习惯的特点：可塑性强和喜欢模仿。

对于幼儿，正确行为习惯的养成，外在的教育作用是明显的。

模仿是幼儿的天性，两个幼儿在一起游戏玩耍的时候，其中一个幼儿在地板上打滚的时候，另外一个也会马上在地板上打滚。家长的很多行为习惯都可以在幼儿身上找到影子，甚至有一些非常形象的说法：“孩子就是××家长的翻版。”

家长要用好幼儿这种天性，树立正面积极的模仿对象。对不正确的模仿行为，要及时干预和矫正。幼儿可塑性强这个特点，恰好是家长塑造孩子优良的行为习惯的教育机会。

（2）行为习惯教育的目标：养成一些正确的行为习惯。

主要是吃饭、走路、睡觉、说话等简单习惯；与人相处的习惯，如不打人、骂人，不向别人吐口水，不用东西砸人等；与人进行语言交流的习惯，对长辈和别人尊重友好的习惯；在幼儿园认真听老师讲话的习惯；喜欢关注新鲜事物的习惯等。

（3）幼儿阶段行为习惯的教育方法。

一是正确的观念输入。家长、老师对幼儿提出要求，用各种方式，表明自己喜欢哪种行为、哪种做法。家长、老师的态度，会直接影响到幼儿怎么做、怎么想。

二是行为塑造和行为矫正。

行为塑造：希望儿童养成什么样的习惯，就按照计划去主动塑造。

强化与消退：当幼儿出现不良行为时，家长要及时进行负刺激，这种不良行为再次出现的时候，仍然进行负刺激，那么不良行为出现的频率会明显降低。对幼儿的正确做法：家长与老师要及时进行正面的刺激（表扬、奖励等），如果正确的做法没有得到正面刺激，幼儿的这种行为会出现消退。

对幼儿的错误行为，家长应表现出表情严厉、摇头等肢体语言，给予批评、责备，甚至训斥、怒骂等举动，这样的表现就是负刺激，对一个行为持续进行负刺激，孩子这样的行为会减少，甚至消失。对幼儿的正确做法：给予微笑、点头、抚慰等肢体语言，给予口头表扬、物质奖励等正面刺激，“你刚才这样懂礼貌，妈妈很高兴”，这样的行为就会重复、再现。

幼儿期出现的侵犯行为、伤害或者破坏行为，需要及时地进行矫正。对关心、帮助他人的亲社会行为，要及时地鼓励表扬。

强化应该做到及时强化和掌握分寸。及时强化，主要是指时间上要及时，掌握分寸是指奖惩的轻重要适度。

在3～5岁这个独立期间所表现出来的执拗，家长的方法不是就事论事地对抗，比如小孩子就要买这个电动车，哭闹不肯走。孩子要买，家长不买，这样的对抗结果常常是以不愉快告终。站在家长的立场上，希望幼儿讲道理只是一厢情愿的妄想。对幼儿行为的矫正，本是一个简单的事情，家长却在实际操作中屡屡出错。

矫正时机：小处入手、循序渐进，平时的行为矫正是关键，小事情上就让孩子熟悉“拒绝”“批评”“惩罚”；在不当行为发生的“初始阶段”就要进行矫正，如同灭火，在初期最佳。

矫正的节奏：对不当的行为，应该给予连续的负面刺激，各种形式的负面刺激同时启用。比如小孩子乱扔东西，一开始就要进行矫正。操作步骤：一是让孩子明白乱扔东西，爸爸妈妈很生气；东西扔坏了，重新买需要花钱；东西扔坏了，它会哭，它的妈妈也会伤心。这一步是让孩子知道这个事情做得不对。二是针对这个不当行为，进行连续的负面刺激，在方方面面进行负面刺激。主要思路是，他喜欢的、想要的，得不到；他不想要的、不喜欢的，会出现。方方面面是指衣食住行，睡觉、玩乐、购物、休闲等，穿衣服的时候，把漂亮衣服拿出来，在孩子眼前晃一下，“这件衣服真漂亮啊，但是你乱扔东西，不给你穿，以后不乱扔东西了，好吗?”把孩子喜欢的巧克力买回来，“今天有巧克力哦！但是你乱扔东西，不能给你吃（哭闹，也不能给），以后不乱扔东西了，好吗?”晚上睡觉的时候，“睡觉了！但是你乱扔东西啊！乱扔东西的孩子妈妈不喜欢，你想和妈妈一起睡，就不要再乱扔东西了，好吗?”

幼儿的不当行为发生的初始阶段，一系列的连续负面刺激，方方面面、立体呈现的负面刺激，对不当行为矫正是非常有效的方法。

行为矫正的正负刺激方法，家长易学、易懂、易操作，但是需要在实践中逐步提高，学会把握时机，学会掌握分寸和节奏，在行动中领悟教育的艺术。

2. 小学阶段行为习惯的教育

对于小学儿童，有些行为习惯经过了多次重复，表面上我们会认为孩子已经养成了这些优良习惯，实质上这些行为习惯是不稳固的。

“学好三年，学坏三天”，主要是指人在未成年之前，当行为习惯尚未固定、定型之前，比如小学阶段，优良的行为习惯在形成的过程中很容易中止，而不良的行为习惯很容易养成。如果缺乏监督，小学儿童在长假和寒暑假里肆无忌惮、毫无节制地打游戏、看电视、满山遍野地疯玩，他们很快就会将已经养成的好习惯抛到九霄云外。比如，我们教育小学儿童“要事第一”，要先做重要的事情，即先完成作业再玩耍；做事要有计划，提前计划安排每天、每周的事情，合理分配学习和玩耍的时间；做事要有先后顺序，如早上起床后先做什么、后做什么，晚饭睡觉之前要完成哪些事情。

老师，这次不是我

班主任肖老师正在给三年级二班的同学开会，因为有同学的钱被偷了。同学们都把目光指向了小龙，老师在说这个事情时，眼睛也在朝小龙看。

小龙在二年级的时候确实多次偷过同学们的东西，但是他已经改了，这个钱不是小龙偷的。大家虽然没有用语言直接挑明，但是都在怀疑他就是小偷。

小龙没有偷钱，但是他还是不敢直视同学和老师们的目光，毕竟自己过去犯过错误，现在被人家怀疑也是正常的。

事情的真相并没有如期而至，偷钱的事情也没有再次发生，可能在老师和同学们心目中，小龙已经改好了。小龙没有偷钱，但是这次被误会、被冤枉的阴影，却可能伴随小龙的一生。

“老师，这次不是我”故事情节，如图 3－15 所示。

（1）小学儿童行为习惯的教育目标。

小学儿童应养成的一系列行为习惯罗列如下。

学习习惯：课前预习、上课认真、课后复习、认真完成作业。

生活习惯：讲究卫生、日事日毕、勤换衣、勤洗澡、早睡早起。

道德行为规范：尊敬老人、善待同伴、遵守承诺、乐于助人。

意志品质方面的习惯：坚持、独立思考、快速执行、果断、不怕吃苦、不畏困难。

图3－15　“老师，这次不是我”故事情节示意

与人合作、团队协作完成任务的习惯和能力，应该作为专门的任务，对小学儿童进行专门的教育。

（2）小学儿童行为习惯的教育。

首先，是关于小学儿童对行为习惯的认识。

①让孩子知道父母和教师的要求和想法。

相对于幼儿，小学儿童对言语的理解能力更强，他们可以准确感知到整个社会欢迎什么样的人。老师和家长的观点和想法，能够通过语言等形式，顺利地传递给小学儿童。

②让孩子知道，养成这些行为习惯之后，会有很多好处。

“你想成为什么样的人，你就会成为什么样的人”，家长可以通过心理暗示，告诉孩子他应该成为什么样的人，师长希望他成为什么样的人，他成为那样的人之后的正面场景（受到欢迎、认可、赞扬、奖励）。

（3）小学儿童行为习惯的塑造与矫正。

行为习惯的塑造，就是让正确的行为保持下来。行为习惯的矫正，就是改掉错误的习惯。这两方面的教育，正负两个方向的强化、刺激，仍然是普遍采用的方法。孩子有了正确的行为习惯，及时给他一个正面的强化。孩子有了错误的行为习惯，及时给他一个负面的刺激。

如前所述，在矫正不当行为之前，应该有充分的沟通。在沟通之前，用好“情景再现”“过程回放”的方法促使孩子反省、反思、反观自己的行为，为“矫正行为的沟通”奠定基础。

对于小学儿童，“情景再现”这个方法，颇具可操作性。让孩子自己以重新回忆、亲自演示的形式回放当时的情景和过程，但他们能否心甘情愿地配合进行情景回放，就需要家长与孩子好好沟通。

对小学儿童要注意保护他们的自尊心，注意奖惩的分寸、奖惩的形式，讲究物质奖励和精神奖励的配合使用。

（4）创造有利的教育环境。

某些行为习惯的养成和矫正都需要很长一个时间周期，这需要家长和教师的耐心教育。对于疾病，“治未病”是最佳方案，一旦疾病已经形成，病灶的祛除有一个过程：病去如抽丝。比如孩子的学习障碍、完成作业很慢等问题，都需要很长一个周期去对治。

打造有利的教育环境，可以加速行为习惯的教育过程。

民主的家庭氛围有利于孩子良好习惯的养成、保持。专制家庭的环境中，由于外在的高压力、严要求，习惯的形成看似很快，但不容易坚持。一旦专制的外在强制条件没有了，多年养成的好习惯会快速弱化，甚至消失。“学好三年，学坏三天”，就是讲的这个道理。

3. 中学阶段行为习惯的教育

（1）教育目标：养成一系列基本的行为习惯。

基本习惯是指一些基本的、必须具备的学习习惯、生活习惯、道德习惯、意志行为等。

这一系列基本的行为习惯，是小学阶段好习惯的延续，同时，对这些习惯的要求也比小学生更高。

学习习惯：课前预习、课中集中注意力、课后复习、认真完成作业、坚持阅读课外书籍。

生活习惯：讲究卫生、坚持锻炼身体、物品放回原处、遵守时间、注意仪容仪表。

道德习惯：对人礼貌、遵守承诺、助人为乐、友好待人、坚持参加社会义务劳动。

意志品质的习惯：知行合一、坚持做家务事、独立、坚韧、果断、自制。

中学生应该养成的行为习惯有很多，我们不能只关注行为习惯的数量，而应该对行为习惯进行分类，深入学习行为习惯的形成过程，深入学习行为习惯的教育方法。

关于行为习惯的教育书籍很多，如果我们只是列举一大堆“应该养成”的行为习惯，会让很多家长觉得什么都该教，反而导致无从下手，不易落实。比如，我们都知道让孩子做家务事等力所能及的劳动，有利于孩子以后的独立，这个目标的正确性不容怀疑。但是怎么教会孩子形成这样的习惯呢？这就是难题了。有的父母费尽心思，孩子可能会做一两次饭，洗一两次碗，但是很快就没有了下文。教育理念偏差的父母，甚至一直都不会让孩子扫地、洗碗、洗衣服。

从理论到实践的跨越，是“怎么做”。两片嘴唇一动，就可以“说”，“说”是简单的事情。我们不仅要评说，而且要行动，更要舍得付出精力“坚持做”。

对中学生行为习惯的教育，相对比较难。如果在小学时期打好了基础，中学阶段就是一个维护成果的阶段，就会很轻松了。时间不能逆转，所有的教育都是宜早不宜迟。

（2）教育方法。

我们依据行为习惯形成的规律，根据中学生的身心特点，制定教育方法。

一是让孩子认识到行为习惯的重要性。对于中学生，通过双向沟通，能够理解行为习惯的重要性。有了认识之后的行动，就有了主观能动性。

二是“家长外在的监督与干预＋孩子的自觉行动”。中学生有一定的自觉性，但是仍然需要家长的监督与引导。

这个监督的过程，更多的是提醒、督促。引导的过程，更多的是提供参考意见、帮助孩子深入分析事情的结果。同时，中学生的自觉性差，对他们的行为塑造、行为矫正仍然必须要坚持做下去，不可有丝毫懈怠，这其中就难免有奖励和惩罚的事情发生。

根据中学生的身心特点，注意行为塑造和矫正过程中正负刺激的轻重、节奏。比如，要顾及孩子的面子，不要当众批评，注意说话的语气，注意词句的可接受性，注意对孩子的指令的可行性。“罚你洗一年的厕所”这样的指令是很难施行的，家长是在给自己制造难题。对孩子处罚过轻，孩子不长记性，对错误行为起不到负刺激的作用。对孩子处罚过重，容易造成对孩子的沉重打击，让孩子产生“破罐子破摔的想法”，封堵了孩子改正错误的通道。对孩子的惩罚要特别注意掌握分寸，可以通过沟通，让孩子提供参考意见：“你认为该怎么罚你呢?”

中学生是对父母的依恋期向自我独立期的过渡阶段，他们渴望独立，得到别人的肯定，同时在生活上、情感上仍然依恋父母。对中学生应该以精神奖励和物质奖励并行，适当加大精神奖励的比例，特别要注意尊重孩子、当众表扬孩子。

行为塑造就是要让孩子坚持做下去，坚持良好的行为习惯，这是最终目的，也是操作的难点，这需要家长付出持续的努力，需要投入时间、精力，同时要调动中学生的积极性，让孩子自觉地参与这个过程。

4. 大学阶段行为习惯的教育

大学生及成年初期这个年龄段，很多行为习惯已经逐渐稳固、定型，行为习惯方面的教育目标仍然是纠正不良的行为习惯，塑造正确的行为习惯。在这个年龄阶段，要想纠正不当的习惯有一定的难度，我们要做好长期作战的心理准备。富兰克林在成年后，仍然痛下决心向自己的不良习惯宣战，作为大学生要有这方面的勇气和毅力。

在大学阶段，行为习惯的教育主要是引导他们自主、自觉地进行自我教育，同时打造良好的综合环境。对于顽固不化、不负责任的大学生，家长仍然要进行必要的外在干预。

第三节　意志和信念

“能登多高，靠的不仅是身躯，更要靠意志，强者遇挫越勇，弱者逢败越伤。”

“主观的目标要想变成现实，必须付诸行动。在实现目标的过程之中，会面对很多的困难和干扰，‘意志’就是我们在这个过程中进行的自我组织、自我调节。”

信念就是坚信不疑的态度。

意志和信念是孩子在学习成长过程中的自我调控的力量。意志品质决定了孩子“行动”的力度和持续时间。

意志和信念都是孩子在成长过程中逐渐形成的，意志和信念的教育应该从早抓起。

“主宰你自己的力量，是世界上最强大的力量。”

一、意志的教育

1. 意志教育的目标

意志教育的目标是形成优良的意志品质：坚韧、自制、独立、果断。

（1）坚韧。

先来看下面两幅图。如图 3－16 所示。

图 3－16 无坚不摧的金刚钻与深山中的藤条

坚韧品质体现于长时间地为了目标而努力拼搏，克服过程中的种种困难，坚持不放弃，抵御各种诱惑和干扰。

坚韧这个词分为坚和韧两部分：坚是指金刚钻，这是“进攻”的能力，这是战胜困难和解决问题中的坚守与坚持，表现为攻坚克难、无坚不摧；韧是指深山中的藤条，这是“防守”的能力，这是面对失败、面对挫折、面对打击的抗争。

在顺境中长大的孩子，遇到很平常、很普通的挫折和打击，常常表现为出乎意料的懊恼、一蹶不振、抑郁甚至自杀等，原因是在成长过程中没有进行坚韧的意志品质的教育。

北大本科生杀人埋尸

作为家中唯一的男孩，北大法律本科毕业的连勇曾是家里人的骄傲。毕业后，连勇留京工作、创业，但打击随之而来——创业失败，司法考试没通过，看到连勇一事无成，女友也离他而去。为了省钱，连勇独自租住在昌平区回龙观镇定福皇庄村。2011 年 11 月 14 日下午，因为负担不起房租，连勇外出找房子住。17 时许，连勇在回家路上遇见几个男孩在街上踢球，路过时，男孩乐乐无意中撞到他身上。而这个无意的举动，让心情不佳的连勇觉得“连小孩子都敢欺负我”，于是产生了要教训一下男孩的念头。打定主意后，连勇以家里有小乌龟为名，把乐乐骗至其租住地，将孩子勒死后又把尸体掩埋。(2012 年 12 月 6 日《北京晨报》)

不论前进路上如何困难重重，决不放弃对目标的执着追求。坚韧与执拗、顽固有很大的不同，顽固、执拗是指不能机动灵活、敏锐观察，不能根据情况形势的变化调整、改变行动方式和目标，而一味地依照原计划一成不变地行事。

坚持做的背后也需要信念的力量支撑。

有些大山里的孩子上学，单程就要走两三个小时的山路，这对于城里的孩子是不可想象的。一个娇弱的城里孩子去体验一次，就会让其终生难忘。这是简单的例子。更复杂、更典型的坚韧表现为“长年累月”对一个目标的坚持奋斗，比如，失去双手的中学生，长时间坚持用嘴叼着笔练习书法。再如，十几岁的少年，在几年里，独立支撑起一个家。如图 3 – 17 所示。

图 3－17 酷日下挥汗如雨的劳动场景

（2）自制。

先来看两幅汽车的自制图片。如图 3－18（1）、图 3－18（2）所示。

图 3－18（1） 自制之制止行动：汽车的刹车

人的所有欲望和冲动，并不都是合理的。欲望和冲动，有时候表现为某种行动，有时候表现为某种情绪。

我们对行动和情绪的控制、调节，是每个人的一生都应该学习的课程。“自制”的优秀品质并不是与生俱来的，而是随着年龄的增长而萌芽、发展、

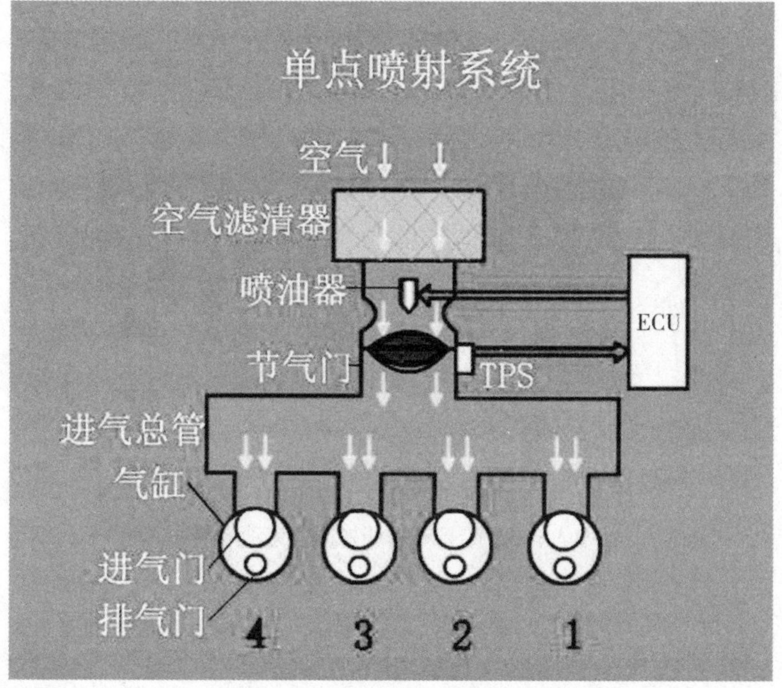

图 3－18（2） 自制之发动行动：汽车的油门

形成、定型的。教育是不可逆转的，教育的时机一定要提前而不能延误。

我们对情绪和行动的控制，目的是让情绪和行动合乎行为规范、道德标准，合乎我们内心的信念。对情绪的压抑，容易导致情绪的失控，对江河的封堵必然导致洪水的泛滥。对情绪的压抑是我们应该摒弃的情绪调节方式，操作层面上应该以疏导为主，但是归根结底我们要深究和反思“我们的情绪为何会起波澜”，我们如何教育孩子调节和控制自己的情绪的根本办法也就在此。

情绪化的常见原因有以下几种：

第一，自己受到了伤害：自己的面子、情感、切身利益等受到伤害；自己被否定；

第二，自己的想法与实际情况不一致：其他的观念、结果、现象、行为与自己固有的想法不一致。

第三，现有问题无法应对：各种问题、各种困难无法解决。

从以上分析中可以看出，我们对孩子进行全方位的教育是解决情绪失控的根本办法。各种正确、积极的观念的输入，让孩子形成积极的心态。认知能力、解决问题的能力、创新能力等智力能力的教育，让孩子从容应对各种复杂局面。品德、意志品质的教育让孩子包容豁达、自强自制。

在现实生活中，情绪的失控常常导致言语不当、行动过激，表现为打骂、争斗、伤害甚至犯罪，常常让人痛悔一生。

自制就是自己主宰自己，自己控制自己的能力。自己主宰自己说起来容易，做起来却相当难。自制力在情绪方面，表现为调节和控制自己的情绪。自制力在行动方面表现为发动行动和制止行动。

发动行动：在外部有困难和诱惑，内部有动机干扰的情况下，发动自己去做“该做的事”。

小强九岁了，爸爸要求小强在家练两个小时的钢琴。窗外的小伙伴在吹口哨，这是让小强出去踢球的暗号。小强的心早就飞到了球场上，可是他不能出去玩，他必须练够两个小时的钢琴，因为上次的偷懒，他被爸爸揍了一顿。小学儿童的自制力是很弱的，但是在外在力量的干预下，仍表现出一定的自制能力。在成年初期形成高度的自觉性控制下的高度自制，是教育的目标。

制止行动：控制自己，不做“想做的事”。这里“想做的事”是指源于我们的其他欲望和冲动，与我们要实现的目标有冲突的事情。

（3）独立。

先来看一幅自然界独立的图片。如图 3－19 所示。

图 3－19　黄山那棵迎客松，傲然屹立于天地之间

人的独立性是指人在生活中自立自强，自主做出决定和采取行动，并不受环境影响，不为别人的言论所左右。

独立不仅包括生活上的自立自强，也包括观点和行动的独立。如图 3－20 所示。

图 3－20　生活中的独立示意

小故事

他把拳头停在了空中

小巍是某所小学六年级的学生，个子很高，长得很壮。他和几个同学在底楼院子的空地走着，突然什么东西掉下来，落在小巍的头上，他伸手一摸，原来是一口浓痰。小巍火冒三丈，他愤怒地抬起头，二楼一个低年级的小同学正惶惑地看着小巍。身边的同学大声地说“上去打他”。几个同学冲到楼上，小同学已经躲进了教室，倚在课桌上用恐惧的眼光看着小巍。“揍他，揍他”，与小巍一起的同学大声地嚷着。小巍愤怒地举起了拳头，突然间，小巍的耳旁隐约传来了父亲的叮嘱，“你长得人高马大，在学校不可仗势欺人、欺压弱小……” 小巍长吸了一口气，从衣服口袋里掏了一张纸巾递给了那个小同学，俯下身来，对他说：“来给我擦干净，再乱吐看我不揍死你！”最后，小巍只是象征性地、蜻蜓点水似的打了那个小同学两巴掌。

一个小学生根据自己的原则，独立做出了决定。

独立性要克服依从性，抵制别人的暗示。比如，我们周边的人，都倾向于金钱第一、物质至上，在言谈中都充满了对金钱的崇拜，在道德、理想、信念与金钱崇拜的观点产生矛盾时，就要抵制外来的影响和暗示，坚持自己的信念。比如，捡到一堆现金，是交还失主，还是据为己有，有些人要做很强烈的思想斗争，有些人则很快地决定归还失主。

独立性与独断性有很大区别。独断性缺少调查研究和全面考虑，而以主观、片面、拍脑门、一意孤行为特征。独立性则以冷静思考为基础，调查分析为依据。

（4）果断。

果断性是指迅速、有效地采取决定，并及时地执行决定。从中我们可以看出果断性的两个要素：迅速有效“做出”决定、及时“执行”决定。如图3－21所示。

图3－21　战场上果断的“指挥官”

与果断相反的是优柔寡断。其特征是：犹豫不决，难以做出决定，做了决定之后迟迟不能执行。

与果断容易混淆的是武断。武断在表面上是快速决定、快速执行，然而在事前却缺乏周密调查研究、缺乏深思熟虑。

我们应该通过调查获得真实情况，依据调查的结论，做出决定。

2. 意志的教育过程和方法

重复做以下三方面的事情，随着孩子的成长，收获优良的意志品质。如图3－22所示。

（1）对意志的正确认识

（3）干预影响与意志相关的因素

（2）融于生活中的潜移默化

图3－22　意志的教育过程和方法

对意志的方方面面进行深入的分析，掌握与意志有关的原理、规律，再结合孩子、家庭的具体情况，接下来就可以着手进行意志的教育了。对意志方面的深刻分析，是进行意志教育的依据。

（1）孩子的认识。

德国的意志教育中，家长会告诉孩子“最强大的力量是主宰你自己的力量”。

家长把自己对意志的认识，通过适当的方式传递给孩子，让孩子对意志品质建立正确的认识。

认识越彻底，行动越到位，执行越坚决。

对意志的认识是基础，这是孩子进行主动的意志训练的基础，也是融于生活中的意志教育的基础。但幼儿和小学儿童还做不到对意志这个抽象词语的深刻认识，对于“主宰你自己的力量”“自主做出选择，并承担选择的结果”“坚持不放弃”“快速决定、立即行动”这些观点，我们可以根据孩子对语言的理解能力，将抽象的意志要求、做法、好处，变成孩子可以理解的通俗语言，说给孩子听；除了语言以外，还可以通过“做给孩子看”的方式来诠释意志的内涵，图片、视频也是比较直观的表达形式。

对于中学生和大学生，已经可以初步理解和认识意志品质的重要作用了。

（2）练习。

意志品质的练习分为两种：一是主动的专门训练，二是融于生活中的潜移默化。

这两方面的练习，都必须依据意志品质的教育过程和形成过程。如图3－23所示。

家长和孩子的正确认识——→（主动的训练＋生活中的潜移默化）

——→意志力的萌芽——→（年龄的增长＋意志训练的重复）

——→意志品质的形成

以独立思考的品质为例：

家长要求孩子“独立思考”——→（生活中独立思考的训练＋潜移默化）

——→“独立思考”的品质开始萌芽——→（随着年龄的增长、训练次数的增加）

——→“独立思考”的品质形成

图 3－23　意志品质的练习

一是主动训练。体育锻炼对培养坚韧和自制的优秀意志品质有促进作用。成年人在保障身心安全的情况下，户外拓展、体能极限运动对意志潜能的开发作用非常明显，在这样的体育运动中，人要忍受疲劳、呼吸不畅、肌肉酸痛等一系列的不愉快感觉，锻炼过程中需要很强的自制力，为了目标的实现坚持努力。

对于孩子要控制好体育锻炼的强度。如图 3－24 所示。

图 3－24　主动的体育锻炼，可以增强人坚韧的意志品质

在儿童成长的不同阶段，家长应该选择最适合孩子身心特点的体育锻炼方式。家长的职能主要是对训练过程密切关注，合理地监督与调节。坚韧、自制、独立、果断四大目标自成体系，相辅相成。

身体方面的训练可以让人收获坚韧和自制，而生活中的冷静思考、全面分析判断、总结反省则可以让人收获独立与果断。

在实际生活中，教育孩子在独立的状态下，快速做出选择、快速执行决定。行动一定会产生某种结果，产生结果的时候，就是家长教育的机会。孩子必须要独立承担行动的结果，行动结果的好坏，可以促使家长反思决策过程和行动过程中的正误。不断地总结反省，是家长教育孩子快速提高的最佳方式。

行动结果出来的时候，我们可以与孩子一起回想选择的过程、行动的过程是否做到了独立、果断。引导孩子形成这样的认识：这次错了不要紧，通过总结与反省，吸取教训，提炼经验，为下次的胜利做好准备。对于孩子的独立、果断的表现，要以鼓励表扬为主。

在成年人的《人力资源》教材中，也肯定了身体极限运动和深度反省对人体潜能开发的作用。家长应该为孩子选择一项以上的体育锻炼项目，这需要分析孩子的兴趣、爱好等身心特点来进行。

二是融于生活的潜移默化、耳濡目染。艰苦的生活环境，可以磨炼人的意志，让人变得无坚不摧；也可以打击人的斗志，让人意志消沉，萎靡不振。

"融于生活之中潜移默化的意志教育"一定要注意家庭经济特别贫困、家庭环境特别恶劣的孩子，因为恶劣的外在环境，也可能让人产生消极心态、消极情绪、消极行为，家长、老师要对这一类群体的孩子进行积极的引导。这也是一个重大的研究课题。

除了有意志的训练，对意志的教育，更多是融于生活中的锻炼、潜移默化、耳濡目染。任何一种品质的习得，都需要思考和实践，普遍地，关于意志教育的思考和实践我们可以融于日常的生活中，意志品质的教育机会无处不在。

要做到意志品质的教育机会无处不在，家长心中一定要牢记意志教育的四大目标：自制、坚韧、独立、果断。有了准确的目标，家长在日常生活中与孩子的自然互动中，就可以引导孩子朝着这些目标努力。如图 3－25 所示。

比如，日常生活中的选择很多，对于大事小事，都要求孩子全面思考、认真调查之后，自主做出决定，家长也可以提供参考意见，将最终决定权交给孩子，督促孩子快速决定，快速执行。再如，生活中遇到困难的事情，家长要鼓励孩子坚持不放弃，勇于挑战、勇于战斗。

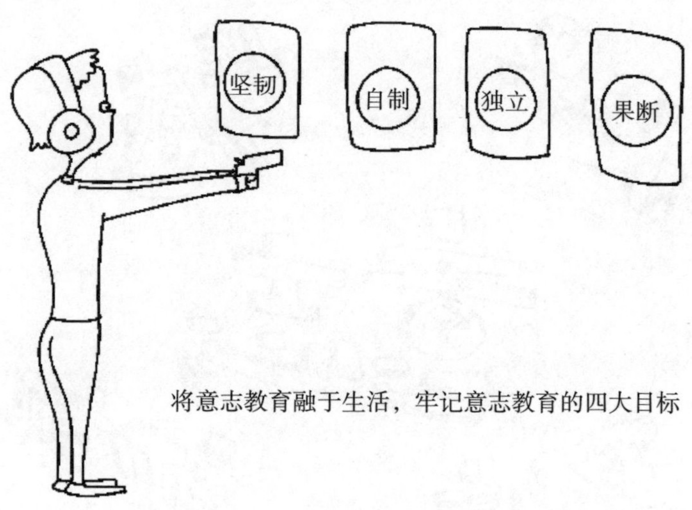

图 3－25　将意志的教育融于生活

（3）打造意志训练的有利环境，干预与意志相关的其他因素。

一是环境。我们要打造形成优秀意志品质的各种环境。比如，父母和祖辈对意志品质的要求是严格而一致的，成长过程中艰苦的物质条件、成长中的逆境等，都是优良意志品质形成的有利环境。当然，有些外在条件是可遇而不可求的，有些恶劣的外部条件不仅可以成就一个人，也可以打垮一个人、摧毁一个人。

二是情感。积极的情感，是主动进行意志锻炼的助推剂。帮助孩子提高自信、形成正确的自我评价、创造和谐的师生关系和亲子关系等措施办法，都有助于产生积极的情感。

三是动机。伟大的目的产生无坚不摧的意志。“为了什么”而主动进行意志锻炼是关键问题，家长应该积极地引导孩子的价值取向。

干预与意志相关的因素，如图 3－26 所示。

二、信念的教育

1. 什么是信念

信念是指人们坚信某些东西的真实性和正确性。有了信念，我们的行动才更坚定。

图3－26 影响意志力的相关因素

我要给奶奶养老送终

爸爸去世的时候，叮嘱阿华要为奶奶养老送终，要让奶奶过得好一点。其实那时阿华才15岁，那些话是爸爸在弥留之际说的。父爱如山，父亲在阿华心里就是一座雄伟巍峨的高山，父亲是伟大的，虽然父亲过早地离他而去，但是他为有这样的父亲而骄傲。

准确地说，父亲是因为劳累过度而死的。

父亲年轻力壮的时候，在战友的病床前接受了战友的嘱托，答应把战友的两个孩子养大成人。于是家里就有了3个孩子，有好吃的、好穿的阿华都是最后才享用。刚开始阿华心里充满了怨气。随着年龄的增长，3个孩子齐刷刷的都很懂事了。3个人相互学习、相互谦让，就像是亲生的一般。

父亲过世的那天夜里，3个少年跪在一起、含着眼泪一起对天发誓：

我们要给奶奶养老送终。

“我要给奶奶养老送终”故事情节，如图 3－27 所示。

图 3－27　“我要给奶奶养老送终”故事情节示意

比如探险的人坚信“这座大山的某个洞里有汉朝的珍贵文物”，在这样的信念支撑下，就容易克服野外的重重困难和危险，坚持寻宝。

小学是信念萌芽的初始阶段，家长通过一系列的行为正负刺激（奖惩），让他们知道努力学习，可以得到家长的肯定和奖励，偷懒和破坏行为会受到惩罚。

我们尊重孩子的自主选择权，鼓励他们独立地探索创新，同时，要严格执行与孩子的约定，严格执行社会行为规范的要求，让孩子知道“世界是有规则的”，自由和规范并不矛盾。因为孩子会对自己的行为结果进行预测。

孩子的主观预测与实际的结果是否一样呢？在做了错事的时候，孩子会预测可能受到的惩罚。孩子的主观预测与实际的结果在不断地发生对照，这些经历对孩子信念的形成会产生直接的影响。比如孩子偷盗了别人的东西，别人发现了，追到家里来，家中的父母不但没有惩罚，还替孩子掩盖事实、百般抵赖。这种纵容的经历，会让孩子对偷盗的错误行为产生错误的认识，进而形成错误的信念。

在信念的支撑下，我们能够为了实现理想而奋斗不息。我们对于某些观念的坚信不疑，不是与生俱来的。信念是伴随着人的年龄增长，而逐渐萌芽、发展、定型和稳固的。

以下是信念形成的主要过程。

信念萌芽（零散的观念+某些亲身经历）

——→信念初步形成（更系统的观念+更多、更深刻的亲身经历）

——→信念定型和稳固（坚信自己观念的正确性和真实性）

如图3－28所示。

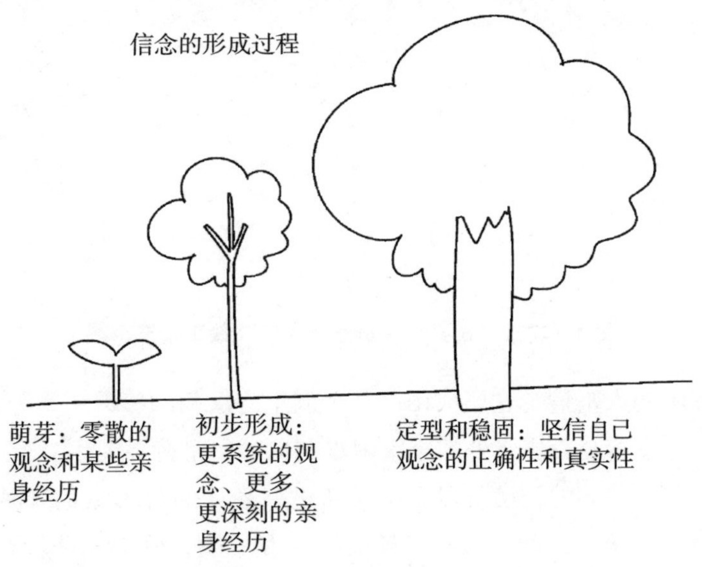

图3－28　信念的形成过程

在成长过程中，人的观念得到了多次验证，即脑袋里的主观想法与实际发生的情况是一致的，这种主观的观念，就会成为人的坚定信念。通常将人的成长周期分为幼儿、小学、中学（初中、高中）、大学及成年初期。比如，父母从小就教育我们：好吃懒做的人没有好的结果。我们后来的亲身经历印证了父母的说法，我们就会对这一观点形成坚定的信念，于是我们也会这样去教育下一代。

如果形成某些观念之后，后来的经历却否定了这些观念，比如某青春妙龄的姑娘一直相信真正的爱情是海枯石烂、生死不渝的，但是后来在恋爱中经历了背叛与伤害，那么前面已经有的观念就会终止、被否定，她会重新形成其他的关于爱情的信念。

2. 信念的教育如何做

信念的教育如何做？如图 3－29 所示。

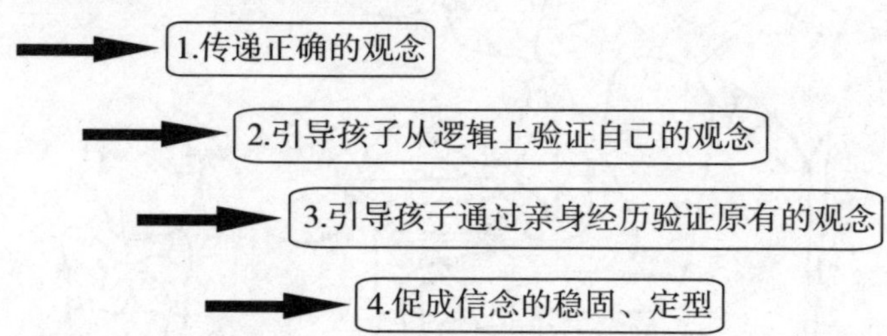

以“诚信”的信念教育为例：

向孩子传递“诚信为金”的观念

——→引导孩子通过报纸、电视、名人传记、故事等验证“诚信是金”的观念（逻辑上的验证）

——→引导孩子坚持诚信的做法，让孩子通过亲身经历验证“诚信是金”的观念（坚持这样的做法，将带来正面的结果，比如自己的承诺更让别人信服）

——→促进孩子对“诚信是金”这个信念的坚信不疑

图 3－29　信念教育的方式

（1）传递正确的观念。

如何传递正确的观念？家长在这方面具有示范作用。如图 3－30 所示。

图 3－30　家长在做，孩子在看

说给孩子听＋做给孩子看：观念的表现形式怎样才最清楚直观、观念如何传递给孩子，这两个问题是家长在进行信念教育时要深入思考的。

一个人应该形成的信念有很多，例如：与人为善；自立自强；坚持就会胜利；先确定努力的方向，然后再行动；人有善念，天必佑之；天道酬勤；专注才能卓越；家庭是一切的基石；身体是革命的本钱；做人的品质决定你能走多远，飞多高；等等。如图 3－31 所示。

图 3－31　家长在说，孩子在听

（2）引导孩子从逻辑上验证自己的观点。

什么叫“逻辑上验证”呢？就是让孩子觉得父母讲的观点是“有道理”的。

现实生活中有各种各样的人和事。信念的教育要求我们引导孩子，正确解释实际生活中的各种现象、各种做法、各种人、各种事。比如，好心被误会是偶然的个别现象，“互利双赢、皆大欢喜”是普遍的规律。教育孩子要透过现象看本质，从众多的亲身经历中去感悟、发现和总结。引导孩子把“对现象的解释”，与原有的正确观念一一对应。比如，电视上讲述成功商人的故事，其中总会有诚信做人、踏实苦干、远见卓识、正确决断等内容，这正好是我们印证平时的信念教育的机会。

（3）引导孩子通过亲身经历验证原有的观念。

“这个结果，和我预料的真的一样！”在学校有破坏和攻击行为的学生，毕业后混迹社会，干出了违法的事情，被警察抓起来了。勤奋并助人为乐的学生，长大后果然成了有益于社会的栋梁之才。如图 3－32 所示。

在教育过程中，促成一些的社会实践、亲身经历，让实践的结果与原来的观点一一对应，是信念教育的重要方法。比如，在花园里开垦一小块土地，和孩子一起精心地种粮、种菜，在秋天的时候收获辛苦耕耘的成果。这种亲身经历，会让孩子终生难忘。让实际的结果验证原有观点的正确性，让孩子坚信原来的观点，在成年初期形成稳固的积极信念，比如“天道酬勤”，勤奋者必有成就，“乐善好施”，助人者必得好人缘，等等。

图 3－32　两种不同的引导结果

这样的例子很多，教育机会也很多。比如，和孩子一起爬山，让孩子亲身感受“坚持就是胜利”；一起分析复杂的事情，让孩子感受“乱麻必有头，事出必有因”。

（4）促成信念的稳固、定型。

随着年龄的增长，信念会逐渐定型。如图 3－33 所示。

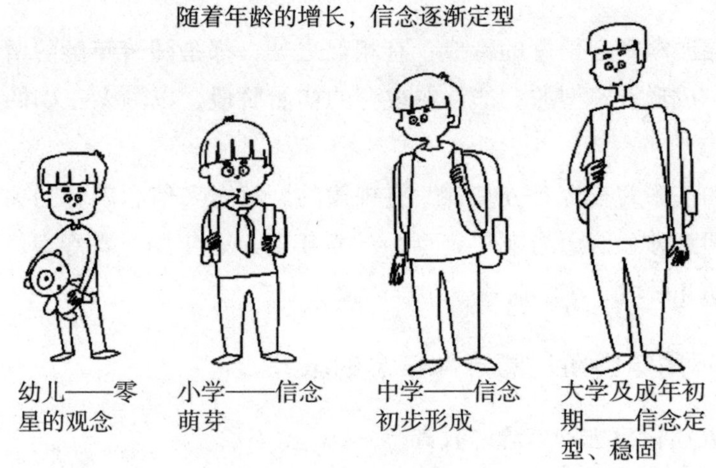

图 3－33　信念形成的过程

大学及成年初期，是信念稳固定型的年龄阶段，在这个年龄阶段之前的信念教育，是非常关键的，是不可逆转的。

做法上，我们要注意细节。比如，引导孩子将空洞的信念简化为某些句子、短语，用于指导行动，用于自我暗示。因为自我暗示的作用是巨大的。

信念不是单一的，而是分种类、分层次的。比如，生活的信念、做人做事的信念、道德信念、工作方面的信念、家庭责任的信念等。

引导孩子在不同的年龄阶段，用文字描述自己坚持的信念。周恩来小时候的座右铭是“为中华之崛起而读书”，鲁迅用了一个“早”字，激励自己学习要刻苦勤奋。在客厅或者书房里用书法作品，挂上某些正面的观念，如“天道酬勤”“暗示亏心、神目如电”“得民心者得天下”“主宰你自己的力量是世界上最伟大的力量”，等等。

伟大的信念产生伟大的动机，伟大的动机产生无坚不摧的意志。

> 1931 年“九一八”事变之后，我国东北三省陷入日本人的黑暗统治，杨靖宇将军组织了东北抗联第一路军进行了坚决的抗日斗争，他有勇有谋，骁勇善战，沉重打击了日本侵略者。1940 年，在敌人数万人的围剿之中，杨将军牺牲了。日本人无法理解，已经六天六夜断粮的杨靖宇是靠什么生存的，他们让医生解剖了杨靖宇的胃，发现里面是没有消化的树皮、草根和棉絮。

意志品质和坚定信念的形成，有相似之处，都是随着年龄的增长逐渐萌芽、发展、成形、定型的，都是在教育的初始阶段，以输入正确的观念作为开端的。

意志和信念的教育是分步骤、有规律的。意志和信念教育的关键期是成年之前，即意志和信念尚未“定型”的童年期、少年期、青春期，也就是我们俗称的幼儿阶段、小学阶段、中学阶段。

三、不同年龄阶段意志和信念的教育

1. 幼儿阶段意志和信念的教育

幼儿阶段早期的儿童，普遍意志很弱，自我控制力差，多数行为都是按照本能习惯去做。研究成果表明，3 岁的幼儿自我控制还不明显，从缺乏“自我控制”到有“自我控制”的转折年龄是 4 ~5 岁，5 ~6 岁的儿童多数都有一定的自控能力。

（1）意志的培养。

意志教育的四大目标是自制、坚韧、独立、果断，但是幼儿期的意志教育是初步的、低目标的，是以游戏为载体、融入生活之中的。

体育活动可以增强幼儿的体质，也可以磨砺幼儿的意志。“我们要激发幼儿参加体育活动的兴趣，养成锻炼的习惯。如为幼儿准备多种体育活动材料，鼓励他选择自己喜欢的材料开展活动；经常和幼儿一起在户外运动和游戏，鼓励幼儿和同伴一起开展体育活动。”和幼儿一起观看体育比赛或有关体育赛事的电视节目，培养他对体育活动的兴趣。

明确了意志教育的四大目标，就可以在生活中发现教育的机会，寓教于自然生活，寓教于游戏。比如，要上长长的楼梯，走累的时候，利用数数、讲故事、鼓励、承诺奖赏等方法，让孩子坚持走到终点。面对美味的食品，“今天吃过了，明天再吃”“明天再买，可以买更多”，训练孩子自制能力。

与孩子一起做“坚持做下去”的游戏，让孩子自己背包，自己上下楼。可以教给幼儿坚持不放弃的品质，在实际生活中坚持地做一项幼儿感兴趣的事，比如观察小蚂蚁的活动。

初步输入意志相关的观念：坚持、等一等、忍一忍、自己想想怎么办……

幼儿期家长、长辈的迁就、溺爱，会助长孩子的依赖与任性，树立规则与鼓励自立自强是幼儿期必须做的教育工作。家长可以抓住生活中大量的教育机会，让孩子独立做出选择，引导孩子承担选择的结果，协助督促孩子执行他的决定。还可以要求幼儿承担力所能及的家务事，辅助以适当的塑造和强化措施，引导幼儿坚持劳动，劳动对于意志品质的正面作用也是公认的。

（2）信念教育。

坚定的信念在成年初期才成形、稳固。

幼儿期信念的教育，主要是让幼儿初步形成一些积极正面的想法和观念，比如，对长大充满期待，对父母的话、对外部世界产生真实感和确信感。

让孩子在幼儿期有足够的安全感，孩子长大后才可能相信别人、相信社会。家长要认真履行对幼儿的承诺，切忌对幼儿撒谎，要让幼儿“相信”自己。让幼儿充分感受童年的无忧无虑和轻松快乐，感受父母的爱，可以满足幼儿爱和归属的需求，为长大以后爱社会、爱他人、信任他人打下基础。

2. 小学阶段意志和信念的教育

小故事

我再尝一下味道

儿子打电话给爸爸，“爸爸，我给您买了一碗外卖的牛肉面。”父亲听在耳中，心里感到很温暖，儿子10岁了，开始懂事了，学会关心人了，知道爸爸喜欢吃那家面馆的牛肉面。

父亲回家很晚，发现桌子上的牛肉面是用外卖专用的纸盒装的，可是盒子里一根面条也没有，只剩下一点汤。父亲起床的时候，儿子已经去上学了。奶奶说，孙子说想尝一口牛肉面的味道，但是他一会儿去尝一口，隔一会儿又去尝一口，最终把买回的面全部“尝”完了。

“我再尝一下味道”故事情节，如图3－34所示。

图3－34　“我再尝一下味道”故事情节示意

（1）小学儿童的意志品质。

意志品质的教育主要目标有四个：坚韧、自制、独立、果断。时刻牢记这四大主要目标，将意志的教育融入生活，争取实现教育机会无处不在，孩子快乐，家长不累。

在意志品质的主动训练方面，选择一项适合孩子身心特点的锻炼方式。“坚持做”是一个普遍性的难题，这需要家长保持耐心、付出精力。更多的关于意志品质的教育，还是融入生活之中的潜移默化。

家长要鼓励小学儿童勇于发表不同的观点，做出独立选择。要教会小学儿童学会正反分析、全面分析，在做出选择之前勤于思考，家长要把决定的权利交给孩子。同时，也要求孩子必须承受和坦然面对行动的结果，引导他们对选择的过程和行动的过程进行反思、总结，在实践中不断提高。做出选择之后，行动的结果会反过来刺激孩子，促使他们在以后的选择过程中慎重决定、深入思考、准备和筛选多种方案。对于这一点，善于选择、勇于承担是基本的要求。例如，天气转凉了，家长要求孩子多穿衣服；乌云密布，家长要求孩子带好雨具。如果孩子执意不听家长的建议，家长不一定强行要求孩子接受，这就是一个教育的机会。如果孩子因为天凉或者淋雨而感冒，家长就应要求孩子承担一定的责任，分摊医药费用。家长也可以趁机检讨自己，“我没有强行要求你带上雨伞，所以我也承担一半的医药费”，为孩子做出表率。

家长要求孩子独立和果断，比如，对于孩子是否参加夏令营，可以要求孩子独立做出决定，并要求他快速决定，快速执行。要求孩子独立选择、独立执行，不是放任不管，家长要始终保持密切关注、监督和引导。

自制和坚韧的品质不是一时一事可以形成的，这两方面的要求，对小学儿童而言不宜过高，但是要融于生活，进行这方面的有意识的教育。

家长和老师要表达对于自制和坚韧的要求，用语言告诉小学儿童自制和坚韧这两个品质的重要性。相对于幼儿，小学儿童语言理解能力有所提高，他们可以部分领会家长和老师的意图。领会意图之后的监督和引导会更加有效。比如，“很多年坚持做一件事是很了不起的”这样的词句，小学儿童是可以理解领会的。

（2）小学儿童的信念。

对于小学儿童，信念只是一个空洞的不能理解的抽象词语。小学儿童能够掌握的是一些零散的观念和想法。幼儿和小学阶段，是播种信念种子的关键时期。没有种子，一切皆成空。

对于小学儿童的信念教育，就是要输入一些正确的观念，引导小学儿童正确理解和解释各种现象。比如，别人的东西就是别人的，不能乱拿；认真做事，才能把事情做好。教育机会无处不在，这些积极的、正面的零星观念，要及时地传递给孩子。而且“输入和引导”的教育活动，都是可以融于日常生活的。要做到教育机会无处不在，作为家长要明白教育内容的框架，知道“教什么”，才可以实现教育内容与日常生活的融合。为此，家长应该认真学习信念形成的过程，将信念的教育融入生活。

对于观念的输入而言，家长不仅要“说给孩子听”，还要“做给孩子看”。同时，家长应该牢记信念教育的四个步骤，传递观念只是第一步，接下来是引导孩子逻辑上验证之前的观念，促成孩子有这样的亲身经历。

3. 中学阶段意志和信念的教育

中学年龄阶段的孩子，经过幼儿和小学阶段的成长经历后，已经形成自己的一些观念与想法，这些零散的观念和想法正是人生信念的基础。中学生在意志方面相比小学生有了明显的进步，形成了一些自觉自律的意志行为，但这些意志行为仍然是不稳定的。

中学阶段是自制、坚韧、独立、果断等优良的意志品质形成的关键时期。

认识是做的基础：让学生认识到意志品质的力量。

目标是做的方向：牢记意志教育的四大目标——坚韧、自制、独立、果断。中学生已经可以自省，引导他们以四种优良的意志品质为努力的目标，进行主动的训练。高强度的体育锻炼和劳动，可以增强人的坚韧品质。独立的思考决断，快速决断、快速执行，坦然承担选择后的结果，可以促成孩子独立和果断的品质。

主动的意志品质的训练过程需要孩子对自己的意志进行调节，也需要外在力量的干预。家长和老师要进行外在的监督和引导，鼓励他们坚持做下去。

小学生的意志品质很薄弱，自觉性差，意志的教育以外在影响为主。通常将孩子在幼儿和小学时期的意志品质，比喻为种子和种子发出的小树苗，这棵小苗很弱、很小，根系也不发达，风一吹就会倒。而孩子在中学时期的意志品质虽然已经是一人多高的小树了，但这棵一人多高的小树仍然需要精心呵护，防止被风吹倒。

中学生抽象思维的发展与言语能力的提高，让家长可以将意志和信念作为话题，与孩子进行深入的双向沟通，通过沟通让他们建立意志和信念的基本认识，促使他们反思，思考他们在意志和信念方面的想法和做法。

基本认识建立后，再进行自主的训练，容易取得事半功倍的效果。

（1）中学生意志和信念的教育目标。

信念方面，形成一系列正确的观念，为形成正确的人生信念打下基础。

意志方面，对意志有正确的认识，将意志的教育融入生活，鼓励孩子进行意志品质的专门训练。同时进行自主的训练，为形成坚韧、自制、独立、果断等优秀的意志品质而努力。

（2）中学生“信念”的教育方法。

一是正确观点的输入。认识到了优良意志品质的重要性，才可能自觉进行这方面的训练；摒弃错的观念，输入正确的观念，是形成正确的人生信念的前提。比如，认为人生应该享乐，有一点小成绩之后就沉醉于享乐，就会放弃通过艰苦奋斗实现人生价值的想法。

正确观念的传递方式，遵循“图片、场景为主，语言为辅”的思路。

中学阶段的学习任务重，家长和孩子沟通的时间更少了，教育时间也就更少了，所以中学阶段之前的教育非常重要。幼儿和小学阶段的基础打牢了，后面的教育就轻松了。

二是通过所见所闻、亲身经历验证原有的观念。对于中学生而言，事实对观念的印证，将使他们留下深刻印象，从而促成对已有观念产生更加理智的坚信，这恰恰是人生信念的坚实基础。比如，身边偷奸耍滑、贪小便宜、耍小聪明的人终究没有好下场，会让他们坚决摒弃那样的想法和言行。

引导学生将发生在自己和别人身上的各种行为、事件等表面现象，与自己的观念进行一一对应，批判错误的、发扬正确的。家长要引导学生正确评价这些现象，分析现象背后的原因。

4. 大学阶段的意志和信念教育

（1）大学生在意志和信念方面的特点。

大学阶段是意志品质和信念的成形、定型的时期。这个年龄阶段的大学生的自觉性逐渐增强，但是现实生活中存在的大学生毕业后啃老、上学时沉

迷游戏、因恋爱荒废学业、挥霍金钱、学无所成等现象，主要原因就是家庭教育的缺失。只重视成绩，而忽视了理想信念的教育，忽视了非智力内容的教育，必然会出现各种各样的问题。这样的必然，是无法避免的。

（2）自觉的自我教育。

大学生往往远离父母，这个阶段的意志和信念的教育，究竟是被动地被影响，还是主动地训练自己，就显得非常重要。在这个阶段，同学、师长、学校的人文环境等因素会对大学生产生极大的影响。

随着大学生心智的成熟，引导大学生将意志和信念结合的教育，逐渐转变为内化的自我教育，是家长在这个阶段的教育目标。

第四节　目标和理想

“能走多久，靠的不是双脚，是志向，鸿鹄志在苍宇，燕雀心系檐下。”看似空洞的词语，却对我们的实际生活产生着巨大的影响。重要的不是我们站的位置，而是我们所朝的方向。

理想是人生的奋斗目标，理想是人倾其一生为之奋斗的梦想。有了目标和理想，人的思维和行动才有了目的性。失去了目标和理想，就像航行在茫茫大海上的舰船没有了罗盘和航向。如图 3－35 所示。

图 3－35　远方的目标牵引着我们努力前行

一、什么是目标和理想

1. 具体目标

具体的目标能够帮助我们达成愿望。比如，“今年暑假我想去青岛看大海”“明年的生日礼物我想得到一台新电脑”。

随着年龄的增长，人们对目标设定的期限逐渐拉长。对于3~6岁的幼儿和小学低年级的学生来说，他们的目标多是短期目标，如下周要去动物园、想得到喜欢的玩具等，他们对长远目标和人生理想的想法很模糊，只能说一些“长大了要当医生”等模糊的愿望。

随着年龄的增长，孩子们开始有了一些中期、长期目标，即季度目标、年度目标、三年奋斗目标等。比如，初中学生的目标是通过三年的努力学习，考入著名高中。

2. 人生理想

远大的人生理想不仅包括想做成什么事，还包括想成为什么样的人，包括人的价值取舍。价值取舍是指把什么排在第一位：物质财富最重要、社会地位最重要、名声荣誉最重要、子女的教育最更重、健康快乐最重要、自由自在最重要、艺术追求最重要、奉献价值最重要、享受生活最重要、获得第一最重要……

人生理想背后隐藏着人的核心价值观。

人在成长过程中，随着年龄的增长，可能会对远大的人生理想做出一定程度的调整。比如，小学的时候，自己的理想是当一名空军飞行员，随着年龄的增长，掌握了更多的军事知识，对中国近代的屈辱历史有了更深刻的了解，对国家和民族有了更深厚的感情，自己的人生理想仍然是当一名空军飞行员，但是这与小学时的想法已经大不相同了。

具体的目标，是指短期、中期和长期目标。理想是指人生理想。理想就是金字塔的塔尖，众多的小目标一个一个地实现，逐渐累积托起金字塔的塔尖。具体目标和人生理想的主要区别：小与大的区别，近与远的区别。目标比人生理想更小一些，具体目标相对于人生理想更近一些。

通常，把目标分为短期、中期、长期三个层次，目标往往是具体而明确的。很多人把人生理想和长期目标画上了等号，这却是两个容易混淆的词。

3. 设定你的人生理想

人生奋斗目标的确立，是随着年龄的增长而逐渐清晰、明确的。某著名研究机构，以“明确的人生奋斗目标”为关键标准，经过长时间的跟踪调查，划分出了三类人，从中可以看出理想教育的重要性。如图 3－36 所示。

各个行业的精英

有清晰明确的人生奋斗目标、坚持奋斗

社会中的大多数普通人

有模糊的人生奋斗目标、中断懈怠

生活在社会底层的人

从不设立人生的奋斗目标

图 3－36　不同理想教育下的三类人

第一类人，从不给自己设立人生的奋斗目标：终生随波逐流，为了短期目标而生活，甚至是一生都在被动地面对问题，被动地解决各种问题。

这类人多处于社会的最底层。

第二类人，有模糊的人生奋斗目标：在模糊的人生目标的指引下，行动有一定的目的性，但是随着人生的外部条件（际遇）和自己情绪状态的起伏，而呈现不稳定的状态，有可能“遇难即退”，即为了实现目标的奋斗过程，有中断和低落，不能坚持，内心也不坚定。

这类人多处于温饱线之上，过着不好也不太坏的生活。

第三类人，他们有清晰而准确的人生奋斗目标，他们所确立的人生奋斗目标建立在对自己的正确评价的基础之上，他们知道自己想要什么，自己的优缺点是什么，并随着外部条件的变化，对目标进行微调。他们排除各种干扰、战胜各种困难、勇于面对各种挑战，始终牢记自己的奋斗目标，为了人生目标的实现愿意付出五年、十年、几十年的努力。

这类人多处于社会的顶层，成为各行业的精英。

4. 理想和信念的关系

在进行目标和理想教育的同时，不可忽视信念的教育。理想和信念有着如影随形的紧密联系。信念是支撑人们为了理想的实现而不懈奋斗的无形力量。

二、理想教育的目标

对自己和外部条件进行正确评价，设定最适合自己的理想目标，为实现理想而持续奋斗。

三、理想教育的内容

1. 建立“自信”

建立自信对任何人而言都是非常重要的。没有自信，富翁也会自卑。如图3－37所示。

图3－37　自卑的富翁

那么，如何建立自信?

（1）正确认识自信。

正确的自我评价是做事的基础。方法并不难：深刻反观自己，在一张大纸的中间画一道竖线，左边写上自己的优点，右边写上自己的缺点，力求客观公正，并请其他人一起进行评价，即“自评＋他评”。

自信是相信自己可以完成某项任务的自我判断。自信就是正面、积极的自我评价。比如，漂亮俊俏的外表可以让人增加自信，物质财富的富足可以让人产生自信，整洁的着装、漂亮的衣服可以让人产生自信。但是一个有着巨额财富的人，可能会在一个道德高尚的穷人面前感到卑微。所以，自信不是建立在单一评价基础上，而是建立在“多种”自我评价之上，如学识、能力、道德品质、身体素质、外貌、意志品质、物质财富、社会地位、个人特长等。

建立自信需要克服自卑和自负。自负是自我认知、自我评价产生了偏差，“自认为自己很了不起”，一个“一无是处”的人，他所感觉的自信，那其实就是自负。另外，有些自卑的人，往往表现得很自负，潜意识里是为了掩盖内心的自卑，他想告诉别人“他能行”，他想展示他的强大，他想展示他的力量，从而掩盖他内心隐藏的自卑。一般来讲，处处逞强、示强的人，内心都不是足够强大的。一个真正拥有强大自信的人，是不必逞强的，他们反而会示弱、自嘲。

缺乏自信的人，要将“打造自信”作为一个重要事情来完成。作为家长，培养孩子的自信是一项重要的教育任务。

（2）简化自信的教育。

以上的论述，仍然不能指导我们的具体行动，所以下面还要将自信形成的过程做出通俗的解析。

肯定：自己对自己的肯定、其他人对自己的肯定。

其他人：自己以外的所有人，包括父母、老师、亲戚、朋友、同学、同事、社会公众……

肯定什么：知识、能力、道德品质、意志品质、技能、特长、外貌……

通过以上两点的简单分析，我们就知道怎么做了：一方面促成自己和其他人的肯定，另一方面提供可以被肯定的内容。

通过这样的分析，关于自信的教育变得相对简单了。

第一，促成自己和其他人的肯定。

孩子自己对自己的肯定：引导孩子对自己进行肯定。

家长和老师对孩子的肯定：我们要多对孩子进行鼓励和表扬。

他人对孩子的肯定：促成其他人对孩子的肯定，特别是同学、亲戚朋友、邻居等对孩子的肯定。

第二，提供可以被肯定的内容。

想一想，哪些事、哪些方面的内容可以被肯定呢？比如，培养孩子某一方面的特长，武术、绘画、音乐、舞蹈等，培养这些特长的前提是“快乐的童年”，以“不牺牲孩子们的童年”为前提。

“中国不缺教育，中国缺没有奥数和各种培训班的童年。中国的应试教育正以牺牲孩子的童年幸福为代价。”

我们可以教给孩子丰富的知识，如军事知识、生物知识、课外知识、历史知识等；可以重点培养孩子的能力，如创造发明的能力、解决问题的能力、与人交流的能力、当众演讲的能力等；可以重点培养孩子高尚的道德情操，教育孩子注意仪容仪表、着装整洁、锻炼体魄等。这些方面的教育，都可以提供“被肯定”的内容。

立足于人的全面发展，全面施行素质教育，是培养孩子自信的好方法。全面发展的孩子，会让人觉得可以肯定的内容很多。

把复杂的问题简单化，把复杂的“自信教育”简化为两个点：肯定、可以被肯定的内容。这种只有两个点的操作，普通家长很容易理解，也很容易操作。

一个意志品质强大、有着高尚道德情操的人，即使处于暂时落魄、艰难的逆境，仍然可以表现出顽强的斗志、强大的自信。“可以被肯定”的内容，是随着年龄阶段的变化而变化的。比如，小学生容易“被自己肯定、被别人肯定”的内容是考试的分数、拥有的课外书、新奇的玩具等。中学生进入青春期后，开始在意自己的外在形象，“被自己肯定、被别人肯定”的内容是五官外貌、时髦的衣服、出众的形象气质。成年人“被自己肯定、被别人肯定”的内容则是学识、财富、社会地位、道德品质、人格魅力等。

人在成长的过程中，“战胜困难”后的自我肯定，由于战胜困难的经历而产生的自信，是一种非常强大的精神力量，这是任何强盗也偷不去的强大的自信。

我们可以根据七大板块的教育内容，多角度、多层次、全方位地评价自己，全方位打造“可以被肯定”的内容。

丧失自信的人，就是因为自己把自己否定了，或者别人把自己否定了，并且自己从内心接受了这种“被否定的结论”，这种被否定的结论在我们大脑里便生根发芽了。

2. 正确评价外部条件

只有对外部条件进行正确判断，我们才能制订出最适合自己的目标和理想。外部条件缺失，只凭主观的努力、一腔热血，就猛打猛冲，往往头破血流也没有成果。

实现人生理想，是主观、客观条件共同作用的结果。实现人生理想需要我们在主观上付出努力，也需要家庭环境、经济实力、社会大环境、他人的支持与帮助等外部条件。中国人俗称的“有贵人相助”，就是指“比较有分量的人”对我们伸出了援助之手。

我们拥有哪些外部条件？哪些缺失的外部条件是可以通过我们的努力而补充完善的？哪些缺失条件是暂时无法补充完善的？这一系列的问题，都需要我们通过敏锐观察、深入思考、综合判断等认知活动，得出尽可能真实的结论。

要做到正确评价外部条件，需要掌握正确的认知方法，这样，我们才能获取外界的准确情况。

3. 促成“设定目标—实现目标”的不断重复

人在成长过程中，会有很多短期目标、很多“小目标”。比如，我们的当众演讲能力很一般，我们就把卓越的当众演说能力当成一个“小目标”，作为一个努力的目标；我们现在住的是茅草房，希望通过努力在三年之后住进砖瓦房。类似的短期目标、“小目标”，在我们的一生之中是很多的。

设定某种目标，是我们的主观想法。目标实现了，是一种客观的结果。在孩子的成长过程中，我们可以引导孩子设定合适的目标，引导、帮助、督促孩子为实现目标而努力。“孩子设定合理目标—成功地实现目标”这样的过程不断实现，孩子的主观愿望与客观结果一一对应、反复印证，会让孩子产生强烈的自信，增强孩子必胜的信念。

孩子在成长过程中“正面的体验、成功的经历”，就是一种“可以被肯定”的重要内容。短期目标的不断实现，为人生理想的教育奠定了基础。

孩子在实现目标的努力过程中，难免会有失败和挫折，这恰恰是最佳的教育机会。经历了挫折和失败之后的成功更能增强孩子的自信。

4. 设定最合适的目标和理想

请看这样一个公式：

正确评价自己 + 正确评估外部条件 + 合适的价值观 = 最合适的目标理想

我们在设定目标方面，应该尽量做到：与时俱进、灵活机动、扬长避短。有什么样的价值观，就会有什么样的目标。所以，目标和理想的教育，与品德的教育、意志和信念的教育紧密相连。教育是一个整体。

人生理想是本人价值观之下的具体目标，如果孩子的价值观认为物质财富最重要，孩子就会设定追求物质财富的奋斗目标。在物质第一的价值观，也可以有多个具体目标：现金、金条、房子、车子、自有土地、股票、奢侈品、珠宝、钻石。极度推崇物质第一的价值观，让人的精神追求严重失衡。

价值观是一个空洞的词语，它体现了人的最终目的。同样是“实现我们的人生价值”的价值观，可以实现这个“最终目的”的具体目标是很多的：功成身就、地位显赫、教书育人、悬壶济世、追求艺术成就、子女成才……

通俗地说，我要让自己的家乡更美好、奉献我的价值，实现这个“最终目的”的具体目标是多样的：做一个廉政勤政的官员、带动就业和经济发展的企业家、教书育人的优秀人民教师等。

我要让全村的人知道，我不是孬种

村长在开大会的时候骂二狗是孬种，二狗一家人都觉得脸上无光。二狗好吃懒做，不务正业。有一天，一个外村人欺负本村的人，在场的二狗居然没有“雄起”，没有帮忙，所以村长骂二狗是孬种也是合理的。因为这个事，二狗的儿子在学校也被一些淘气的孩子喊孬种。“小二狗”知道那件事他爹做得不对，所以才被全村的人看不起。

“小二狗”心里憋着一口气，他想证明自己和二狗是不一样的，“我要让全村的人知道，我不是孬种”。“小二狗”长到18岁的时候，已经比同龄人更独立、更能干了，26岁就成了远近闻名的小包工头，他从不克扣工人的工资，有时候还自己掏腰包垫付工资。30岁那年，小二狗牵头，通过多方奔走，集资、捐款、争取政府补助等，把村里公路修好了。修路需要一大笔钱，“小二狗”只捐了8万元，但是没有“小二狗”牵头，

这个事是做不起来的。

其实已经有很多年，大家都不叫他爹孬种了。

由此可见，我们要坚持做正确的事情。

正确的品德教育，是正确评价目标和理想的基础。只有在正确的价值观引导下，才可能设立正确的人生目标。

那么，什么是最合适的目标？如果评价的标准不一致，就会陷于无休止的争论。正确的人生奋斗目标的判断标准是利人利己、适合自己。只是利人，不能长久；只是利己，必走向死胡同；只有利人又利己，才可以持续。

有的人生理想仅仅是为了个人爱好，表面上这种理想不损害社会，但对社会也没有多大益处，实质上这样的理想是相对自私的。

5. 在过程中，调整目标和策略

通过前面的分析，我们知道人生理想背后有一个最终目的，与这个最终目的相对应的具体目标是多样的。所以，我们可以对具体目标进行调整，具体表现为“拔高目标”“降低目标”，以及“放弃现有目标”后设定新目标。比如，某人的最终目的是发家致富，开始的目标是养鸡。后来发现禽流感很难预防，如果附近发现禽流感后，政府会下令将附近一定范围的鸡全部宰杀掩埋，在禽流感多发区域，养鸡的风险很大。在最终目的不变的情况下，可以把具体的目标改为“养猪”。如图 3－38 所示。

图 3－38　从养鸡到养猪的转变

有的人喜欢自己当老板，于是就定下了“自主创业”的目标，后来发现管理是自己的致命弱项，对外的公关交流也不行，结论是：自己暂时不适合当老板，所以可以调整目标，现阶段还是“打工”最合适。

一个学习很努力的孩子，学习成绩还是不能提高，我们要告诉孩子成绩只是证明自己的途径之一，引导孩子保持努力学习的劲头，心态上要坦然面对学习成绩。在这样的心态之下，引导孩子回放自己的学习过程，反思自己的学习方法。

同时，要引导孩子思考现有目标背后的最终目的，以最终目的为导向，经常审视现有目标，调整现有目标。比如，打篮球的最终目的是增强体质，在篮球场地不够用的时候，可以绕着操场跑步。

实现目标的方式、方法，也要随着情况变化进行调整，例如，我们去某个城市，原定是坐船去，也可以改为开车、骑自行车、骑摩托车、走路、坐飞机等。

6. 为实现理想而坚持奋斗

多种力量支撑着我们为了理想而坚持奋斗。

请看这样一个公式：

强大的意志力 + 积极的心态 + 坚定的信念 = 为理想而坚持奋斗的合力

坚韧、自制等优良的意志品质，坚定的信念，促使我们为了理想而坚持奋斗。

培养孩子积极的心态，可以促使孩子为了人生理想坚持奋斗，这一点常常被人们忽视。

人的性格是指稳定的心态和习惯性的做法。所有想法的汇合，会形成某种心态。心态是人的比较稳定的心理状态。人的心态会直接影响人的行为。

“我这学期争取考进前十名，爸爸妈妈对我真好，老师很在意我吃得饱不饱，我要注意自己的衣着……”正面、积极的想法，会形成正面、积极的心态。

“老师和同学都说我笨，我真的很笨吗，我这样的穿着很老土，我感觉后妈不喜欢我，化学这一科对我来说太难了……”负面、消极的想法，会形成负面、消极的心态。

积极的心态有自信、乐观、积极向上、达观、包容等，它来源于“思维—行为”反复的相互作用。教育操作上，家长要对孩子输入、传递各种积极的观念，促成各种正面的、积极的、乐观向上的亲身经历。比如，一家人在一起快乐地聊天，和谐地相处，尽情地唱歌，一起战胜困难后的庆祝，一起攀登到山顶后的大吼等。

关于目标和理想教育的知识框架总结如下：

一是正确的自我评价、建立“自信”；二是对外部条件正确评价的能力；三是教育过程中促成“设定目标—实现目标”的重复实现；四是设定最合适的目标和理想；五是实现理想的过程中，目标和策略的调整；六是为实现理想而坚持奋斗。

实现人生理想的过程中，总会遇到困难与挫折，直面困难、解决问题、坚持不懈是必须具备的品质。家长应该首先学习关于目标和理想教育方面的知识，如何把这些知识、思路教给孩子。

四、不同年龄阶段目标和理想的教育

1. 幼儿阶段的目标和理想教育

幼儿阶段的理想教育，总的任务是引导孩子设定短期目标，并为实现这一短期目标而努力。幼儿期只会有一些零散的短期目标，一些对未来虚幻的憧憬。

短期目标是长远目标的基础。短期目标的实现，会对幼儿形成积极的影响。

（1）短期目标—长期目标—人生理想。

幼儿期目标理想教育的重点在“短期目标”上。比如，对幼儿承诺，“你如果每天都自己刷牙、洗脸，早点上床睡觉，爸爸妈妈这周末就带你去动物园”。此后的每一天睡前都重复这个目标，与幼儿一起回想昨天的表现，让幼儿对“目标设定”和“为实现目标的努力”留下深刻的记忆。

（2）“设定目标—实现目标”的重复。

不断地与幼儿期的儿童以约定、游戏的方式，事先确定目标，比如，你坚持自己穿衣服，我们星期天就去爬山，家长在实现目标的努力过程中进行监督、指导和帮助，亲子之间共同为了目标而努力，通过共同努力实现星期天去爬山的目标。让这种“设定目标—实现目标”在生活中不断重复出现，这种融于生活中的教育，其乐融融，皆大欢喜。

家长与幼儿进行有效沟通，共同设定短期目标，一起商量实现目标的方法，通过努力实现目标。经过这样几个回合的反复之后，幼儿会初步形成一种心理定式：通过努力，我们可以得到想要的东西。

幼儿对结果的预测与实际结果，不断地“一一对应、一一实现”，幼儿对未来的真实感、对自己预测的正确性越来越坚信。在惯性的作用下，这些教育活动，对幼儿信念的形成打下了基础。信念与理想总是紧密相连的。

作为家长，一定要注意言行一致、说到做到，注意保护来之不易的教育成果。

2. 小学阶段的目标和理想教育

小学阶段的理想教育，总任务是播种梦想的种子。

对于小学儿童，所谓的“远大理想”仍然是模糊不清的，但我们已经可以通过语言交流，和小学儿童一起畅想未来生活的样子。短期目标的设定和实现，是教育的重点。

价值观决定了理想，有什么样的价值观，就会播种什么样的理想。只为了名利、金钱、权势的功利化教育，需要及时纠正。

（1）短期目标的重复实现。

对于小学儿童，可以把目标细分为周目标、月度目标、学期目标、年度目标等。

前面已经讲过，“目标设定—目标实现”的不断重复，就是我们希望促成的结果。这种正面经历的重复，对孩子长大以后“为了人生理想而不懈努力”会产生积极影响。

根据孩子的实际情况，设定符合实际的短期目标：下个周末去骑双人自行车，去郊外寻找野兔的洞穴，去新开的一个小吃店吃美食，暑假去海边游泳，寒假去雪山打雪仗……

（2）教育方法和步骤。

教育方法和步骤如图 3－39 所示。

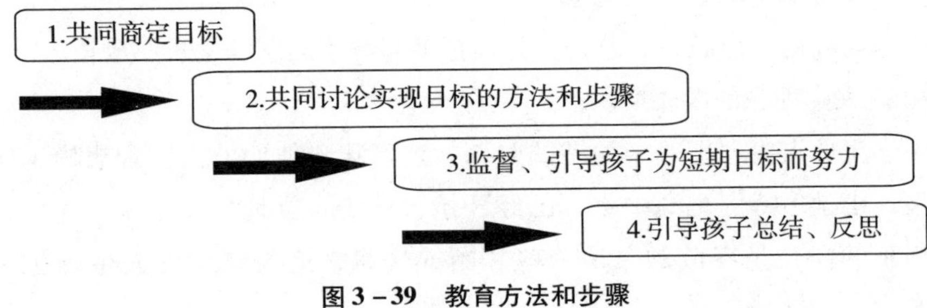

图 3－39　教育方法和步骤

一是共同商定想要达到的目标。这个目标一定是孩子的真实想法；该目标是适合孩子特点的；难度适中，通过一定的努力可以实现，不能太难，也不要太容易；商量确定实现目标的奖惩方式。

二是共同商定实现目标的方法和步骤。对目标进行分解，分析其中的难点，落实行动的步骤。比如，要在一天之内步行登上峨眉山的山顶，需要提前做好准备，登山过程要提前设计好。

三是适度的引导和监督，引导孩子为短期目标而努力。这种监督很多时候表现为“提醒”。小学儿童的自觉性还不强，外在的适度干预是必要的。

小学儿童的天性是贪玩、拖延、懒惰、言行不一在所难免，所以家长的监督和引导仍然要坚持“小步子前进”的方针，对他们的要求不要太高。

四是注重过程，引导孩子总结、反思。目标是否达成并不是最重要的，重要的是孩子的努力过程。

注重过程，我们可以有意外的收获，因为我们把注意力放在了孩子身上，我们会更加深入孩子的内心世界，进而实现深度的互动沟通；我们会有新的领悟和发现，发现孩子的天性、特长或者不足，感悟教育的奇妙和快乐。

（3）播种梦想的种子。

小目标的不断实现，恰恰是人生理想教育的坚实基础。家长有了这样的认识之后，就可以抓住生活中的一切机会，引导孩子对未来进行憧憬，给予孩子正面的鼓励。

有条件的家庭，可以多给孩子开眼界、长见识的机会。比如到军事博物馆、科技博物馆、历史悠久的大学、高山雪地的旅游、亲近山川大海等，都可以给孩子更多的感性认识。另外，家长可以通过网络为孩子收集丰富的资料，引导孩子对未来展开美好的想象。

3. 中学阶段的目标和理想教育。

中学阶段的理想教育，总任务是呵护梦想种子的继续生长、成长。

（1）人生理想的发展期。

中学生的人生理想处于发展的时期，这意味着他们的人生理想尚未成形和定型。中学生特别是高中生，已经开始自觉不自觉地憧憬未来的生活，这些对未来的向往是零散的，是一些片断或场景，这与坚定的人生理想是不同的。

正因为中学生的人生理想处于形成期，所以中学阶段也是进行理想教育的关键期。在人生理想尚未定型之前的理想教育，可以取得比较明显的效果。

（2）中学阶段理想的教育方法。

中学生的身心更加成熟，在设定目标的时候他们更加自主，对于实现目标的方法，他们可以深入思考，可以有多种答案。在实现目标的过程中，他们也更加自觉。但是，家长的监督和引导仍然是必要的、必需的，只是干预的力度可以适当减弱。

在应试教育的大环境下，对中学生进行目标和理想的教育困难重重，但是我们不能因为困难就放弃。

一是通过双向沟通，输入“人生理想”的概念。简单地表达为“你这辈子想要做什么”等孩子可以理解的语言。

二是仍然重视短期目标的实现，促成“设定目标—实现目标”的不断重复。与孩子通过互动设定目标，商量目标实现的方法和途径，在监督和引导下为实现目标而努力，争取实现“设定目标—实现目标”的重复发生。

正面的人生经历，让孩子相信，努力就会有结果。

中学生的课业任务重，要用好寒假和暑假两个假期的时间，更多地对中学生进行非智力内容的教育。中学生已经可以进行深入的自我反省，对于目标实现过程中的困难、挫折，对于失败的教训和成功的经验，相对于小学生，他们会有更全面、更客观的认识。

实现目标中的挫折和打击，是一笔宝贵的人生财富。我们要引导孩子为了目标的实现而奋斗，这样的奋斗将为孩子长大以后“为了实现人生理想的奋斗”注入正能量。

三是引导学生进行正确的自我评价，对外部条件的正确评价，“初步”设定自己的人生理想。

4. 大学生的目标和理想教育

大学阶段及成年初期，是人生理想形成和定型的年龄阶段。大学生的学习动力不足的现象是多种因素共同作用的结果，如缺乏目标和理想的牵引力，个人意志力不强而导致的知行不一，认为学习无价值的错误价值观，等等。其中理想和信念教育的缺位是比较关键的原因。

在大学生中以下情况值得我们深思：“有智商没智慧，有知识没文化，有文化没修养，有欲望没理想，有青春没热血。”

大学生及成年初期的教育以自我教育为主，并且受到周围人群和环境的影响，在目标和理想方面，我们主张以下的做法。

第一，结交积极向上的朋友，打造良好的人际环境，远离恶友。

第二，正确地认识自己，勇敢地解剖自己，设定适合自己的人生理想。

第三，坚持不懈地自我学习、自我提高、自我激励。可选择阅读励志的书籍，如人物传记、潜能开发书籍等。

第四，培养高尚的道德情操，磨砺自己的意志，将总结和反省等自我提升的方法融入日常生活。

第四章
做事的能力
——智力的教育

“能做什么，靠的不是双手，是智慧，勤劳磨砺品性，思想创造未来。”一个人的学习能力、工作能力，都和这个人的智力水平紧密相关。智力的教育从小抓起，可以让孩子一生做事无忧。

第一节　认知的能力

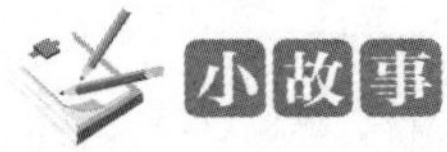

小眼镜

小学生戴眼镜的很多。有的小孩子个子很小，如果再戴个眼镜，看到这样的小孩子，一般人都会想到一个词——“小眼镜”。红光小学的五年级三班就有这样一个“小眼镜”，这个“小眼镜”和别的“小眼镜”还有很大的不同，不仅个子小，年龄也比班级的平均年龄小两三岁，是名副其实的“小眼镜”。

“小眼镜”在一年级没有学完的时候，已经自学完了二年级的课程，而且成绩优异，所以在新学年就直接跳级到了三年级，在三年级还没有

学完的时候，已经自学完了四年级的课程，而且成绩优异，所以在下一学年开学的时候，就直接跳级到了五年级。

对于“小眼镜”的超强学习能力，全校师生及家长们众说纷纭，褒贬不一。有人说这样的孩子真好，在学习上一点不让大人操心；有人说这样的孩子长大了可以成为科学家，科学家的工资高，很快就可以买得起房子和车子；有人说“人生最苦，少年得志”，年少轻狂时得志，心态上很难做到谦虚，心不能容纳便会止步不前，有些好事反而对人生是一件坏事；有人说即使成年人的事业，都不宜“发迹”得过早，因为发迹过早，不容易守业，所以小孩子过早得志不是好事。

这究竟是好事还是坏事呢？希望读者能从“教育就是一个完整的结构”的思路中，寻找答案。

“小眼镜”故事情节，如图4－1所示。

图4－1　“小眼镜”故事情节示意

孩子们对书本知识的认知主要是在学校完成的。生活知识、社会知识的学习主要是在家庭和社会实践中完成的。

成年人离开学校之后，可以通过自学，延续对书本知识的学习。多数人都有这样的观点：学习能力比“学历”更重要。

认知，简单地说就是认识、知道。这里把认知的范围扩大为两个方面：掌握知识、获取外界的真实情况。如面对一个陌生人，要了解这个人各方面的情况。做家教的教师给某个学生补习功课，需要了解这个学生的各方面的情况，这个“了解”的过程，就是一个认知过程。

知道了外界的真实情况，就可以做出准确的判断，采取恰当的应对措施。认知的两大内涵，如图 4 -2 所示。

图 4 -2　认知的两大内涵：掌握知识、获取外界的真实情况

“获取外界的真实情况”非常重要。这在实际生活中很有价值。

外界的真实情况是人们做出决策的依据。对陌生人的准确认知，可以避免交恶友；企业家对情况的准确认知，可以避免经济损失；家长对孩子的准确认知，可以选用最合适的教育方法。

学习、掌握书本知识，也是重要的认知能力。这不仅是对知识的记忆和背诵，理解和运用知识，才是我们的最终目标。我们学习的书本知识，是前人实践的总结，得到了实践的验证。某些结论和规律，我们可以直接使用，比如湿手不要去碰电源开关，过量饮酒伤肝伤胃，长期熬夜伤身体，被狗咬伤及时注射狂犬疫苗，身体没有预热就下水游泳容易抽筋，长期身处噪声影响人的身心健康，雷雨天不要站在树下……这些结论可以直接指导我们的生活。所以，知识就是生产力。

我们的生命是有限的，对现有的知识不可能做到一一验证，所以学习书本知识，是快速获取知识的捷径。

一、知识简述

通常将知识分为死知识和活知识。

1. 死知识

死知识多数是相对静止不变的，是一些需要我们死记硬背的知识，但是有很多的死知识是有用的，不能一概否定。很多人认为死知识无用，这是一个误区。

死知识回答“是怎么回事”的问题，是为了讲清事实。比如中国的国土面积、火烧圆明园是哪一年、这个家庭为什么这样穷困、为什么筷子放入水中会看上去折弯了、人在各阶段的身心特点、人逢喜事为什么精神爽、电脑中了病毒为什么总是死机，等等。

2. 活知识

活知识是相对灵活的，是一连串行动的先后顺序，是一系列的操作步骤。

活知识是回答“怎么做”的问题。比如怎么制作烧饼，怎么改变孩子撒谎的坏习惯，怎样让家长和孩子的沟通更顺畅，怎么去除衣服上的油污、生日蛋糕的制作方法……这些都要经过一系列操作步骤。

“是什么、为什么”是“怎么做”的基础和前提。如图 4－3 所示。

活知识　（应用）
死知识　（基础）
活知识：怎么做
死知识：分析现状，了解现状的准确情况
活知识：造成现状的原因，从中发现问题的根源

图 4－3　死知识是最基础的知识

二、知识的认知

通过简化处理，把学知识的过程总结如下：人接触知识、加工处理、生成自己的知识，最后是应用知识。

接触知识：知识总是要表现为某种形式的，如文字、图形、声音、画面、图表等，我们用眼睛、耳朵等器官去接收知识。比如关于黄河的知识，可以是一些文字介绍、图片或者视频片段。

加工处理：我们通过眼睛、耳朵等感觉器官，进行记忆、理解。

生成自己的知识：对新知识进行加工，融入自己的原有知识。比如，我

们原来就掌握了关于长江的一些知识，现在学习了黄河的知识，就可以将两方面的知识进行比较、综合，以更全面地认识中国的两大河流。

应用知识：书面练习和实际应用。比如，我们为一个不知道长江和黄河的外国人，讲述这两条河流的情况，就属于知识的应用。

观察能力的培养，是人们学习知识的基础。观察是对外界“有目的”“主动”的感知。在观察的基础之上，我们产生了记忆、区别、综合等其他心智技能。

培养人的观察能力，是认知能力的基础。比如，学习汉字之中的“冰”字，是水字加上两点水，通过这样分解，就学会了这个字的读、写。再进一步，通过观察之后的联想，可以理解这个字的内容：冰可以融化成水，水可以凝结成冰。

观察之后，对复杂汉字进行分解，对小学儿童，是习字的有效学习方法。

三、知识的应用

用过的知识，更容易记住。我们对别人讲过一次的知识，常常可以牢牢记住。

联系实际生活、学以致用是我们的最终目的。初中阶段的物理、化学知识，与我们的实际生活紧密相关。家长重视“知识应用”的态度，可以直接影响到孩子的学习态度。

四、书本知识的认知

一是整理，标注、梳理之后，再理解和记忆。

二是重复，通过重复，强化对知识的记忆。

三是应用知识，即应用书本知识，牢牢掌握知识。

书本知识的学习主要是在学校的教育中完成的，教师担负了知识学习的主要任务，家长处于辅助位置，但家长可以在学习兴趣、学习动机、目标设定、自控能力等方面下功夫。

学习环境分为软环境和硬环境。和谐美好的家庭氛围、民主的教养方式、融洽的亲子关系，就是软环境。没有干扰、光线充足的学习环境就是硬环境。总之，我们不能为了“知识的数量”而学知识，那样会变成书呆子。

五、实际生活中的认知——获取外界事物的准确情况

实际生活中的认知技能，应该根据孩子的年龄特点，使用孩子能够理解的表达方式，采用适合孩子的学习方法。

我知道贼的住处

欧阳放学后并没有直接回家，因为爸爸给他布置了“观察”的作业。在回家路上有一处高地，大白天会有一只老鼠出来溜达觅食，这只老鼠不太怕人，所以欧阳一有空就来观察它。

这处高地正好可以观察到下面整条街的全景。欧阳在地上放了一块午饭留下来的鸡块，正在耐心地等老鼠出来。突然听到街下面有人大喊：“抢钱啦！抢劫！”远处一个女人在后面追，一个男子在前面跑着。男子很快跑到了一拐角处，他脱下了身上的深色外套，露出了里面白色的夹克衫，并快速从裤子里拿出一顶帽子戴上，把深色的外套卷成一团放进了夹克衫里。这个男子换衣之后，放慢了脚步继续往前走，拐进了前面一栋居民楼，追赶的女人则跑进了另外一条路。男子自以为做得隐秘，但这一切都被站在高处的欧阳看得一清二楚。欧阳在想，男子会不会就住在进入的这栋楼里呢？于是他走到了那栋楼前观察，很巧合的是男子进入的那个单元全部是镂空的隔栏，可以隐约看到楼道里的情况。欧阳蹲守了一个小时，他发现有一层楼的门开了，出来一个男子，虽然这个人又戴了一副眼镜，但是从那顶帽子，欧阳认出了这个男子就是那个抢劫的人。

抢劫案告破了。

爸爸把刊登了劫案告破的报纸递给欧阳，欧阳得意地傻笑着。他在想，对于这次机智神勇，爸爸会奖励什么好东西呢？

“我知道贼的住处”故事情节，如图 4 –4 所示。

图 4-4　“我知道贼的住处”故事情节示意

1. 观察能力是培养孩子认知能力的基础

观察习惯的形成、观察能力的培养，必须从小抓起，从一点一滴做起。

幼儿是没有主动观察的习惯的，对于幼儿，家长的重点是培养“有意注意”的习惯，逐渐延长“有意注意”的时间。

对于小学儿童，重点是培养孩子“主动观察”的习惯。

在幼儿和小学期，如果家长进行了观察方面的基本教育，孩子在中学阶段将收获“全面、细致、深入、高效的观察能力”。

2. 实际生活中的认知活动，具有很高的实用价值

认知活动一旦从书本转向实际生活，就产生了实际价值。获取了外界事物的“准确情况”，我们就可以得出正确的判断，这些判断是我们做出某种决策的依据。比如外出旅游，通过勘察、询问当地人，发现前面是一条危险的路，我们就可以选择“停止前进”。再如，通过观察、考验等方法，发现某个新朋友狡猾阴险，就可以选择中止交往。

家长可以通过对孩子的观察和分析判断，得出某些真实可靠的结论，作为教育活动的依据。

3. 打破逻辑思维的定式，防止形成“逻辑脑袋”

“逻辑脑袋”是指依靠逻辑推理，对外界情况进行准确判断，而不是建立在脑勤、手勤、腿勤、口勤的基础上，没有经过多角度、多层次的调查研究。

逻辑推理只能提供某种可能性，如图4－5所示。

图4－5　打破逻辑思维的定式，防止形成“逻辑脑袋”

刚刚认识的陌生人看上去憨厚老实，这些表面现象只能推理出某些可能性，这些可能性不是“最终结论”，还需要时间和实际的验证。对于一时不能验证的事情，我们就暂时不下结论，搁置问题。

长着“逻辑脑袋”的人，对信息、资料的真实性和准确性，喜欢拍脑门、主观臆断、凭感觉下结论，凭借片面的信息下结论。嘴上在讲实事求是，行动中却以主观推理为决策的依据。过去批判的官僚主义作风，就是指的这种错误倾向。

片面信息是零碎的信息，不是“最终结论”，不能将这样的结论作为决策的依据。比如某个人能否胜任某项工作，不能只看外表和谈吐，而是要试用一段时间，再下结论。

4. 勤于行动，并且注意变换角度和层次

对外界信息的获取，在行动上要做到：脑勤、手勤、脚勤、口勤、眼勤。

所谓脑勤，就是勤于思考；所谓手勤、脚勤，就是多方面、多处走访调查；所谓口勤，就是多角度询问、调查；所谓眼勤，就是不同背景下的细致观察，多时间阶段地查阅资料，多方借鉴。如图 4 –6 所示。

图 4 –6　脚勤、手勤、脑勤、口勤——调查、询问、借鉴和学习

5. 获取信息的要求是全面、深透、及时、准确

例如，引导一个 16 岁的问题少年走上正常轨道，我们需要对他的情况进行了解，依据调查了解的信息，想出来的办法才能最有效。

全面：他的童年、少年和现在；他父母的教育观念和教养方式；他的家庭环境和学习环境；他的自我认识、自我评价；等等。

深透：比如孩子的学习成绩不太好，要了解糟糕到什么程度。

及时：尽快搞清楚孩子的情况。

六、不同年龄阶段认知能力的教育

学习方法很重要，学习的动力更重要，它们是一个整体，“一个都不能少”。

1. 幼儿阶段的认知教育

幼儿时期的思维主要是“形象思维”。摸得着、看得见的东西，他们更能记住。

幼儿很少去主动注意外界，对复杂事物的记忆力差。幼儿的记忆带有很强的直观形象性，他们对声、光、颜色、造型比较特别的东西更加注意，如鲜艳的衣服、恐龙造型的气球、动画片主角造型的声光玩具等。

幼儿时期，在认知教育方面的主要任务是：

（1）培养主动注意的习惯、延长主动注意的时间。

打造有利于“主动注意”的环境，培养主动注意的习惯，逐渐增加主动注意的时间。

安静的环境、和谐的家庭环境是培养“主动注意”的有利环境。

主动注意的质量和时间长短，决定了幼儿下一个阶段在学校教育中的学习质量。高质量的主动注意，足够的主动注意的时间，可以避免形成学习障碍。

3～6岁的幼儿，如果整天生活在喧闹的环境之中，比如与父母一起长期待在喧闹的街边，集中精力注意一个东西的时间会很短，一旦上学之后，在课堂之上认真听讲的时间会很短，造成学习成绩不理想、学习困难甚至学习障碍。

随着年龄的增长，儿童在游戏之中主动注意的时间也随之延长。专注的注意力，注意的时间延长，为儿童下一阶段的课堂学习打下了基础。这项任务由幼儿园和家长共同完成。

在经济落后地区，很多学龄前儿童没有进入幼儿园，没有接受合理的学前教育，为后续的学校教育埋下了障碍。经济落后地区的很多家长，为了生计在外地打工，把小孩子交给老年人照顾，孩子们的家庭教育与学前教育都是缺失的。这个问题，需要集合各个层面的力量一起努力解决。

（2）培养幼儿具体分解的能力。

比如，家长可以通过具体分解，让幼儿把汽车划分为车身和车轮，前排和后排。这样一来，幼儿对一辆汽车的注意不再是笼统的。特别是把汉字进行分割之后，再组合在一起的学习方法，对于幼儿和小学生学习汉字是非常有效的。

再比如，可以通过具体的分割、分解，把玩具芭比娃娃分为头、手、脚和身体，头部可以再分解为头发和五官；家里的房子分为客厅、厨房、卫生间、卧室、阳台。

这些具体分解的练习，主要是通过游戏的形式，幼儿可以快乐地参与其中。

(3) 词汇和语言表达能力的学习。

幼儿期是语言发展，特别是口语发展的关键期。

我们要打造环境、创造条件，争取让幼儿自然而然地对文字产生兴趣，比如在快乐的氛围中一起看书、声情并茂地看图讲故事等。“用机械记忆和强化训练的方式让幼儿过早识字不符合其学习特点和接受能力。”

幼儿学习词汇的先后顺序是：先掌握实词，然后是动词和形容词。实词是指有外在形象的词语，如老虎、小鸟、床、香蕉等。动词，如打、吃、逛超市、散步、出去玩等。形容词也很好理解，如大、小、多、少、快点、慢点、危险等。

3～5岁，是幼儿口语表达的快速发展时期，“小步子前进”指由易到难是培养口语表达的好方法。家长可以从两个字的词语，到三五个字的词语，到更长一点的短语，再到更长一点的单句，循序渐进地教孩子学习语言。

引导幼儿的语言表达主要集中于三方面：描述某个场景、叙述某个过程、表达某个想法。我们认真的倾听、有针对性的提问，可以提升幼儿表达的意愿。

场景描述：你在商店里看到了些什么东西啊？你在公园里都看到了些什么呢？

过程叙述：你从幼儿园回家后，又做了哪些事情呢？弟弟是怎样从沙发上掉到地上的啊？

想法表达：你今天被妈妈批评了，你是怎么想的？

(4) 数字的学习。

一是通过引导，让幼儿对数学产生兴趣。如一周七天，从周一到周日。

二是数字的识别、数量的增减变化。如图4－7所示。

数字的识别：认识一些简单的数字。

幼儿期数字教育的思路就是将抽象的东西，对应有具体形象的东西，将数字的加减，对应物体的移动。

2. 小学阶段的认知教育

小学期儿童的思维方式，正在从“具体形象思维”向“抽象逻辑思维”

图 4－7　数字的学习

过渡，特别是小学高年级，已经具备了一定的推理、分类、概括等思维能力。

“奥数比赛来到中国后被异化了，‘奥数班’背后是一个利益链，孩子成了受害者。”

我国的教育工作者对我国儿童的研究表明，小学儿童思维方式的过渡存在明显的年龄特征，这个关键年龄在四年级（10～11 岁）。

我们要密切关注孩子的学习成绩：学生的成绩高低，实际上已经超越了成绩本身。成绩好的学生会得到老师的表扬，同学的羡慕、尊重，容易形成高自尊、自信；而成绩差的学生，不容易得到老师的表扬，在学生群体中也有挫败感，自尊心容易受到挫伤，极易形成低自尊和低自我评价，甚至影响到同学之间的人际交往。

老师说我是弱智

爸爸说媛媛很聪明，但是媛媛不相信爸爸的话，因为在媛媛心中，老师的话更有影响力。

“老师说我是弱智”，爸爸回想起来一直在自责，当时孩子问他“弱智”是什么意思，他就直接回答了孩子，弱智就是笨蛋、脑残、大傻瓜，孩子又接着问什么是“脑残”，爸爸又进一步解释为“脑袋里面有问题，脑袋里面长了包”。哪知孩子问完问题之后，就沉默不语了。半睡半醒之间，孩子的口中还在念叨着“老师说我是弱智”。

爸爸很矛盾，想到学校直接质问老师，他想知道事情的细节，但是又怕得罪了老师，对孩子以后的学习不利。思前想后，辗转反侧，看书、查资料、请教专家，他终于有了办法。

媛媛爸爸买回很多益智的玩具，和孩子一起玩。经过爸爸的启发、引导，孩子成功地完成了玩具游戏中高难度的“任务”。爸爸又请来亲戚朋友带着他们的小孩子到家里玩，在别的小朋友和大人都无法完成的情况下，媛媛当着大家的面，完美地展示了一次“完成任务”的过程。

在大家的掌声中，爸爸当众宣布：可能是老师那天感冒了在发烧，所以老师说错了话。媛媛很聪明，媛媛不是弱智，媛媛是个超级聪明的孩子。

晚上，爸爸把媛媛哄睡了，才找来湿毛巾为女儿擦去眼角的泪痕，也擦净自己眼角的泪痕，他知道那是女儿高兴的眼泪，而自己流下的是心酸的眼泪。

对于小孩子，大人不经意间的一句话、一个眼神、一个举动，所带来的伤害，常常是我们想不到的。

“老师说我是弱智”故事情节，如图 4－8 所示。

图 4－8　“老师说我是弱智”故事情节示意

(1) 识记能力。

小学儿童的主要工作是学习。

识记是学习知识的基本要求。为了记住所学的知识，儿童需要掌握一定的识记技巧，学会知识的复述。

重要任务：在小学阶段，老师和家长要相互配合，引导儿童形成良好的学习方法和学习习惯：课前预习、课间认真听讲、课后复习、课后认真完成作业等，这些学习习惯的养成最好在小学二年级之前完成，这样就可以顺利完成小学期间的学业。课前预习和课后复习是对知识的重复，有利于知识的识记。同时，要密切关注孩子的学习动机和兴趣，积极进行干预。

小学期儿童，主要的学习动力来自老师和家长。他们希望得到老师的表扬和家长的奖励，尤其在小学低年级，这两方面的需求表现得非常明显。家长和老师要保护好孩子的自尊，安排好精神奖惩和物质奖惩的比例和间隔，做到灵活机动，把握适度。

(2) 对知识进行分割、分解的能力。

复杂的知识通过分解，都可以变得简单。如果对知识、事物只有整体、笼统的印象，对小学期儿童而言，是难以深入学习的。所以，家长要培养孩子对知识“分解”的能力，是为了让复杂的知识简单化。

经过分割、分解，复杂的东西可以变得简单，一个整体可以变成几个部分。分割的作用对于学习是明显的，将复杂的字划分为简单的几部分，很快就可以学会该字的写法；将整篇的课文划分为几部分分开理解，分开理解明白以后，再组合在一起；将复杂的“数学关系式”划分后，分开理解这些关系式对应的意思，数学可以变得简单。

对知识分解、分割后学习，再综合在一起，对于小学儿童是一种易学、易教的方法。

(3) 知识的应用。

应用学习的知识，可以激发孩子的学习兴趣。比如，计算自家房屋的面积；外出买菜，计算总价。学以致用是最终目的，而知识的应用可以巩固我们对知识的掌握，如图 4-9 所示。

学校教育中的课堂问答和课后作业，就是知识应用的方式。家长应该密切关注孩子课后作业的完成情况。有一种“我是小老师”的训练方法，可以

图 4－9　学以致用

提高孩子知识加工、应用的能力。就是让孩子以老师的身份，讲解他在课堂学到的知识。

（4）判断外界的准确情况。

这是指引导孩子主动观察外界的人和事。

小学阶段是敏锐观察力的萌芽期，是形成主动观察习惯的关键期。向孩子布置观察作业、陪着孩子一起做观察实验、在观察过程中制造快乐和趣味，是培养孩子观察习惯的常用方法。比如，陪着孩子一起观察公交车站上的乘客。

3. 中学阶段的认知教育

进入初中和高中之后，语文、地理、历史、政治等学科，都需要大量记忆，对孩子的记忆能力提出了更高的要求；数学、物理、化学等学科知识的前后关联度很高，对抽象逻辑能力提出了更高的要求。中学阶段书本知识的学习，要求孩子在行动上更加努力，在策略上讲究方法。

（1）文科知识的学习策略。

先对文科知识进行标注、梳理，再去记忆和应用。这个顺序不能搞反。

标注：对知识的“标注”，如圈点、画线、文字批注，“标注”是识记的基础。在这一环节的处理上，相对于小学生，中学生表现得更加成熟、全面。在老师的教导下，他们可以很快学会对书面知识进行标注的方法。标注、圈点过的知识，引起视神经的紧张程度不同。

知识梳理：根据中学生的身心特点，已经可以超越小学生的“死记硬背”，知识的加工让知识的“识记”更加有效、轻松。

理解：是指在识记的基础之上，对知识点有更深入的理解。

文科学习的教育重点是针对识记能力、理解能力的培养和训练，涉及对知识的复述、知识的再次加工、知识的识记技巧、知识的深入理解等。

记忆：在对知识进行了标注、梳理、理解之后，通过不断地重复，可以轻松地记住这些文科知识。重复的次数要够，精力要集中，眼睛、耳朵、大脑要同时使用。

应用：应用过的知识，很难忘记。

书本知识的应用，主要包括课后作业、课堂问答、定期测验三种形式。家长可以引导孩子将知识用于实际生活，比如，辩证法中讲到了“一分为二”这个知识点，若周末去户外郊游，“一分为二”地看，适当休息可以促进学习和工作，但是也浪费了一天的时间，耗费了精力和金钱。

（2）理科知识的学习。

理科的学习要点是：保持知识链条的完整、提升学习策略、训练自己的思维方法。

保持知识链条的完整：理科前后的知识关联度较大，前面的知识是后面学习的前置条件，前面的知识没有学懂的，有必要进行针对性的补课。对于理科知识链条的断裂和缺失，不仅要发挥教师的作用，家长也要积极协助。办法：自我补课、请求外援进行补课。特别是基础知识的补课非常关键。

提升学习策略：请教老师、请教同学、自我反省、课前预习等，改善自己的学习方法，提升自己的学习策略。家长要起到“引导”的作用，引导孩子反观自己的学习过程，反思自己现有的学习策略，不断地总结、提高。

训练自己的思维方法：改变单线条的思维方式，训练发展思维和系统思维。

（3）影响孩子学习的其他条件。

家长要有全局观念，不能孤立地看待学习能力的教育。

学习活动的坚持，需要意志品质的作用，需要信念的支撑。家长根据孩子的身心情况，通过引导和干预，形成合适的、合理的学习动机。

国内外的学校为了考查和巩固学生对知识的学习，都采用了课后作业、定期测验的方法，重视考试没有错，错在“只有考试”。家长要引导孩子在理科的学习中不断总结、提升学习策略。

人的成长过程，以及整个学习活动，是一个持续向前推进的过程，只讲究学习的策略是不够的。从全局考虑，孩子学习的动力因素、内在的自我调控因素也是非常重要的。

没有动力，就没有行动，再好的策略也用不上。我们要激发孩子的学习动机，增强孩子的学习意志——教育是一个整体，一个全局。

（4）中学生在实际生活中的认知活动——获取外界的真实情况。

在中学教育阶段，引导孩子主动地观察生活，观察生活中的人和事，与学习书本知识同等重要。因此，要更多地引导孩子参与社会实践，寒暑假和各种长假期间，要鼓励孩子把注意力投向社会生活。实际生活中的认知教育，应该放在社会生活中进行。

4. 大学及成年初期的认知教育

对于大学生，掌握书本知识的目标已经不仅仅是知识的获取，而是运用知识解决实际问题。

（1）大学生及成年初期，书本知识的认知教育。

大学生对书本知识的吸收，仍然要经历如下过程：知识的识记、知识的领会、知识的加工、知识的应用等，重点是对应用知识，有针对性地解决某些课题。

（2）对外界真实情况的获取。

18 岁以后的成年期，人的逻辑抽象能力显著提高，观察的深广度、精细度都比以前有所进步：观察和分析的效率更高、速度更快。

书本知识的学习策略

1. 知识的标注

就是运用自己的多种感觉器官，如眼、耳、口、脑对学过的知识进行重复。

复述的根据是记忆和遗忘规律，即我们对学习过的知识，经过一定的时间之后，会有一定比例的遗忘，可以记住多少，会遗忘多少，都是有一定的规律可循的。

为了增强我们感觉器官的注意强度，达到记得更多、记得更牢的目的，可以将知识进行视觉上的“突出”，与相邻的其他内容作出相应的“区别”“区分”，让记忆神经的紧张程度不同。具体做法是：

（1）画线、圈点。可以对不同的内容，用不同的线条、符号。如单线、双线，单直线、单曲线，双直线、双曲线，椭圆圈、方框圈，重点内容用星号。

（2）批注。列出序号；用文字对段落和章节做总结或概括性的陈述；用“文字+符号（箭头、起止符）”等表明几部分内容之间的关系。

（3）记忆法。自编歌诀、联想（视觉联想、语义联想、谐音联想）、关键词，这些需要学生多动脑多实践，就会摸索出适合自己的记忆方法。

2. 对知识重新加工

比如，我们把地里的红薯挖回家，把有刀伤的红薯挑出来，先吃掉；完整的小个儿红薯放在阴凉干燥处，储存起来；完整的大个儿红薯拿出去卖掉。这就是分类。

对学过的知识进行分类、综合、连线等，就是对知识的“精细加工”。

（1）变复杂为简单。《中国历史》的学生课本有很多册，但是用一张表格就可以把各朝代的起始时间、主要大事件、各朝代经济文化的主要特点进行总括。

（2）知识的分类。分类识记、理解。

（3）知识之间的联系。两个知识点之间，两条知识脉络之间，两个知识板块之间进行有机的联系。宋朝的建立时间，唐朝的建立时间，分别是两个知识点，这两个点一联系，就知道两个朝代中间经历了多少年。

（4）知识的总体概括。概括法，列出知识结构的总提纲。如图4-10所示。

知识的精细加工
- 变复杂为简单
- 分类识记和理解
- 知识之间的联系
- 知识的总体概括

图 4－10　知识总提纲

3. 对知识的重复

通过阅读、背诵等方式对知识进行重复，集中注意力，调动眼睛、耳朵、嘴巴等感觉器官，将知识存储进大脑里。

4. 知识的应用

在书面练习和生活中应用知识，应用过的知识很难忘记。

第二节　解决问题的能力

生活中总是充满了各种各样的问题，这些问题的出现恰恰是教育机会，这些问题让我们有了大量“现身说法”的机会。

应试教育培养了很多“死读书、死脑筋、机械、教条、呆板、高学历低能力”的人。死读书的人把重点放在了“知识的数量”上面，而没有放在“知识的应用”上面。死读书的人在实际生活中，面对困难和问题常常是束手无策、一筹莫展。如图 4－11 所示。

图 4－11　书呆子面对问题束手无策

什么是问题？问题是眼前的麻烦事、问题是现实和目标的差距、问题是还可以更好却没有做到、问题是没有解开的疑惑……

解决问题是一个开放式的话题，开放式的话题容易引来无休止的争论。我们不想在问题的概念上纠缠不休。

本文将问题解决的思路分为三类：第一类是解决已经出现的问题；第二类是预见可能出现的问题；第三类是现有目标有问题，重新设定合适的新目标。

面对同样的情况，有些人认为是问题，有些人认为不是问题，所以我们要对“问题”进行细分。

清晰问题指现有条件和目标都非常清晰，课堂教学中的试题，多是这一类问题。生活中的一些小问题也属于清晰问题，例如，在外面的餐馆吃完饭后才发现没有带钱。

模糊问题是指现有条件和要达到的目标都是模糊的。例如，怎么打造良好的家庭教育环境？家长如何打造对孩子的影响力？这些问题的条件和目标都是模糊的。

对于模糊问题的解决，先要判断现有条件有哪些，可能实现的目标有哪些，所以“认知的能力”是解决问题的基础。

一、打破“被动解决问题”的局面

被动解决问题是指问题发生了，才忙着应对处置。教育的目的不仅是解决已经出现的问题，而且要变被动为主动，要主动发现问题、主动设定更合适的新目标。在有了敏锐的观察力、综合的分析能力后，则完全可以预见到可能产生的问题。这是一种能力，能力就需要学习和训练。

有没有问题？是大问题还是小问题？回答这样的问题，每个人都带有很强的主观性。因为各自的判断标准不同，各自的目标不同。

“现有奋斗目标不合适、不合理”，我们认为这就是一个问题。孩子的现状是 70 分，目标是 90 分，如何提升这 20 分，就是问题。然而，对于一个一直考试不及格的学生，这一次考了 70 分，对他来说就不是问题，而是进步，是应该奖励的事情。

二、解决已经出现的问题

对已经出现的问题，一是消除问题产生的原因，二是中断问题发生的过程，三是处理好问题带来的不良后果。

1. 找准原因

找到了问题的原因就找到了办法。理论上是这样，实际生活中的复杂问题，总是多种原因并存，或者暂时找不出原因，或者主、次原因模糊不定。有些问题产生的原因并不明显，我们要不断变换假设的角度和可能性，鼓励多角度地提出假设，多方面验证。在没有找到原因之前，切不要盲目行动。比如，一个一直很诚实正直的孩子突然出现欺诈的行为，就一定要先找到原因，再做出处置决定。

有些复杂的问题，其原因有主次之分，并且随着时间的推移，主要原因和次要原因常常发生变化。贫困家庭所导致的家庭不和、子女教育投入不足、有病不能及时就医等问题，主要原因往往是钱少了，物质匮乏。有的贫困家庭通过努力奋斗成为了富裕家庭，富裕之后的家庭不和、子女教育缺失等问题的原因则更加复杂，可能是精神匮乏。

2. 正确的心态

被动应对已经出现的问题，我们需要的是心态上冷静地面对，遇事慌乱容易导致错上加错。比如，忘记了开会的时间，突然想起来的时候会议已经开始了，开车疾驶前往会场，由于慌乱，路上出了交通事故。本是一个小问题，却引出了更大的问题。

对于已经发生的问题，慌乱之中再酿大错的例子是很多的。报纸、电视等媒体报道的例子中有比较惨痛的教训，有一个司机酒后驾车，路上遇到警察设卡查酒驾。这个司机怕被查、被扣、被拘留，就驾车冲卡，造成了连续碰撞，致多人死伤。

3. 深入思考，找到最佳办法，争取创造性地解决问题

对于已经发生的问题，心智上要深入思考、全面分析，找出解决问题的最佳办法，我们要认真分析解决问题的有利条件和不利条件，充分发挥有利条件，克服不利条件。

比如，小孩子吃饭的时候，经常把饭菜撒在桌子上，我们需要处理问题带来的不良后果，即清除撒落的饭菜，引导孩子分析为什么会这样。对于已经出现的复杂问题，比如家庭关系的不和谐，打架、吵架，中学生早恋、青少年犯罪等，不仅要处理后果，还要深刻分析现象背后的原因，对症施治，根除原因，愈合伤口。

对于已经出现的问题，消除问题的原因可以有多种方法，消除问题产生的不良后果也可以有多种方法。

创造性地解决问题，就是指对于已经出现的问题的解决办法比较独特、比较优良。

比如，家长经常粗暴地打骂孩子，我们要找到问题的原因，造成家长的教育方法简单粗暴的原因是什么？孩子为什么会惹来家长的打骂？孩子有哪些行为习惯需要改正？另外，还要消除打骂孩子所带来的心理伤害。对于这些问题，我们可以采用常规的做法，也可以采用比较独特的、见效比较快的做法，比如换个环境（野外独处、外出旅游、偏远乡村感悟生活……）与孩子双向沟通，自我检讨，同时也引导孩子的反省自律，如换一种与孩子之间的沟通方式（书信、手机短信、网络……）。

深刻分析问题产生的原因、深刻解读解决问题背后的最终目的，可以让我们想到更多的办法。其中，最简单的操作办法，就是告诉孩子“每个问题至少有三个答案”。引导孩子多想几种办法进行优选，这是基础的、简单的、低要求的做法。引导孩子思考解决问题背后的最终目的。

妈妈，我还想到一个办法

父亲和母亲带着刚刚初中毕业、考完试的孩子，陪同两位外地来的朋友到邻市的风景区旅游，汽车停在山下的停车场。他们爬山归来，却发现车钥匙丢了。大家的物品都放在后备箱里，钥匙丢了这件事可把大家难住了。当务之急不是追究责任，而是解决问题。大家开始七嘴八舌地讨论起来。

甚至有人提出回山上去找钥匙，经过一致讨论，为了不损伤车子，决定赶三百多千米的路，回去拿备用钥匙，其余的人就住在山脚下的宾馆等着。

决定之后，大家就分头行动。在讨论中一直一声不吭、托腮沉思的孩子说话了："我还想到一个办法，我们可以一个人去离这里最近的城镇或者县市找开锁的师傅，把车门和后备箱打开，先取出随身物品，同时找一个高级一点的汽车修理厂，最好是本车品牌的4S店，让他们把车拖回去处理。这比往返300多千米更容易，有可能几个小时就可以解决这个问题。"

由此可见，某个问题的解决办法，至少有3种。

三、预测可能发生的问题

怎样才能准确地预测可能发生的问题呢?

1. 准确预测

准确的预测，取决于敏锐的观察、综合的分析判断。

通过敏锐的观察，我们可以得到真实信息。通过综合的分析判断，我们可以得出正确的结论。综合这个词语是一个动词，有时收集到的情况常常不止一条，我们就把这些资料放在一起，进行思考，这就是综合分析。

把收集到的各种资料汇总在一起而得出的结论，一般比一两条资料得出的结论更加准确。比如，我们收集了很多关于王二这个人的资料，有一个商场保安的工作岗位，究竟适不适合王二这个人呢？此时就需要综合王二的各种资料，作出分析，作出判断。

再如，关于一个司机的资料有很多条：行车总里程、开车的总时间、不同路况的行驶经验、个人的性格特点（沉稳、侥幸、冒险，等等）、交通规则的熟悉程度、汽车的简单修理技术等，我们把这些资料综合起来，再进行分析判断，就叫综合分析判断。

依据这些信息和结论，我们可以预测到可能发生的问题，可以在问题尚未产生坏的结果之前，就将隐患排除掉。

这个孩子救了半个村的人

苏苏发现今天早上上学时做的几处记号，都发生了明显的倾斜或者移动，他更加坚信了自己的判断，山脚下半个村的人都必须马上转移。

随着学生教材的改革，小学生们增加了一本叫《科学》的书。在讲地质灾害的课堂上，老师根据本地的情况，强调了本地是山洪、泥石流的多发地带。但是这些地质灾害在发生之前总是有原因、有征兆的，比如长时间的下雨、地震之后的阵雨、部分山体的异常等。

苏苏在上学路上就发现村背后的砂土无缘无故地往下掉，他把这个情况告诉了老师。按照老师的方法，他在不同的山坡上做了记号，并每天严密地观察、记录。

后面的故事并不如小说中那样精彩，在村民们转移的半个多月后，才发生了山体滑坡，但无论危险是发生在第二天，还是半个月后，结论都是一样的：这个孩子救了半个村的人。

村里的老年人开玩笑地说，等苏苏长大后，要选一个最漂亮的姑娘，给他当老婆。

"这个孩子救了半个村的人"故事情节，如图 4－12 所示。

如果幼儿在家里就有攻击倾向，经常拿起东西打人，可以预见到孩子在幼儿园可能会和其他小朋友打架、伤害到别的小朋友。幼儿吃了过多的零食之后，再吃饭就不香了；幼儿过于胆小，强行送进幼儿园，会引起剧烈哭闹等反应；孩子过于娇惯，长大了不容易自立等。这些都是可以简单预见到的问题。

对于初中和高中的孩子，我们要加强对孩子的观察和沟通，对各种容易出现的问题，提前预防，及时处理。中学生的易发问题主要是焦虑症、抑郁、厌学、游戏成瘾、早恋、青少年犯罪等。对此，可以通过观察和思考，预测

图 4－12　“这个孩子救了半个村的人”故事情节示意

某些可能发生的问题，但是不能预测所有问题。

预测问题的教育，主要是培养观察能力和综合分析的能力，有了一定的基础之后，可以进行实际的训练，和孩子一起对某些事情进行预见，当孩子发现自己预见的结果真的发生了，他们会产生强烈的成就感，对家长的教育会愈加相信。

2. 正确处理

消除问题产生的必备条件，中止问题产生的过程，就可以防止这个问题的发生。比如，着火需要 3 个条件：易燃物、火源、氧气。“进入林区、禁带火种”就是为了避免人为的火源引起森林火灾。

被小偷偷走东西，前提是我们被小偷列为偷盗对象，小偷感觉我们有钱、手机等可以偷的东西，如果我们把这两个条件删除，就不会招来小偷。

多米诺骨牌效应是指一个骨牌倒掉，砸在第二个骨牌上，依次往下，一连串的相同反应，导致所有骨牌的全部倒下。我们可以中途拆掉一些骨牌，让上一块骨牌砸不到下一块骨牌，这样就可以避免连续反应。依此思路，我们可以中断问题发生的过程、“删除”问题发生的所需条件。

问题发生的过程，有时候是量变的积累造成了质变。比如，桌子上有了灰尘，我们就及时擦掉。当灰尘堆积得很厚时，就会遮住桌面的原来面貌，这就是量的积累而发生的质变。

再如，有的家长责罚孩子的方式是训斥和打骂，打一次、骂一次，可能在孩子身上显现不出恶劣的结果，但是多次的、长期的打骂则会产生质变，表现为孩子身心的健康受损、离家出走、对别人的暴力倾向等。要阻止量变造成的质变，就需要家长及时地终止错误的教育方式。

3. 及时处理

现实生活中，有一种非常普遍的情况，就是我们已经预见到了可能会发生某种问题，却因为原有的一些坏习惯，如侥幸、拖延、懒散等痛失处理问题的良机，给自己和他人造成了不必要的损失。比如，发现孩子的行为有些异常，却因为忙于工作、忙于应酬、忙于休闲娱乐，而没有密切地连续关注孩子的动向，没有及时进行深入沟通，等到孩子发生了焦虑、抑郁、逃学、厌学、打架、早恋、身心障碍等问题的时候，要想再处理这些问题，有可能付出千百倍的努力也无济于事了。

勤奋的人是“不怕麻烦”的，用勤奋可以对治拖延和懒散，“不怕麻烦”是一种优秀的品质。

我们已经预见到了问题的可能性，这种预见的能力属于智力方面的能力，但是当机立断、立即行动、不怕麻烦等属于非智力方面的品质。所以，我们要“坚持人的全面发展”，智力和非智力的教育并重。

四、努力的目标有问题

目标就是我们“努力的方向”，如果努力的方向有问题，我们的行动都是在浪费时间、浪费精力，都是在做“无用功”。

我们的目标不对，这就是一个大问题。“不审势即宽严皆误，后来治蜀要深思。”

大环境和大局势决定了我们奋斗的目标是否正确，如果大方向错了，其下的宽和严都是错误的，宽和严是在错误“战略”下的“战术”。比如，有的家长教育自己的孩子要学会偷奸耍滑、投机取巧的本事，这个错误的大方向之下，一切教育细节都是错误的。

重新设定目标，有三种情况，即对现有目标的提升、降低或者放弃。放弃目标，又有两种情况：一是对错误目标的彻底放弃，二是放弃后重新设定。

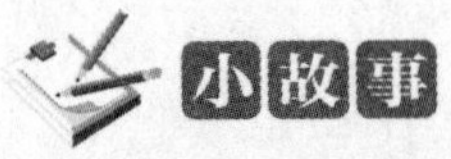

老师说不许我考第一

聪明的强强多数时间都考全班第一，只有上次身上出麻疹的时候，因为耽误了学习，才考了个第三名。下午放学的时候，班主任把强强叫到办公室，告诉了强强一个吃惊的决定：不许强强再考第一。什么时候可以考第一，要等老师的通知。

为此，强强一直想不通。强强的爸爸妈妈也想不通，于是就到学校找老师当面了解情况。在办公室里老师没有用过多的语言解释，而是微笑着拿出了一个气球让强强的妈妈吹，气球刚被吹胀的时候就被叫停，封口套线。老师又拿出另外一个气球让强强的爸爸吹，老师叫停的时候，气球已经被吹得很大很胀、很透很薄了。这个时候老师拿出一根针，当针尖刚刚碰到被吹得很胀的气球的时候，气球“砰”的一声就破了，而另外一只气球则要使劲扎，才能扎破。

老师说，现在的强强就如同那只很胀的气球，放气和减压是最好的办法。

“老师说不许我考第一”故事情节，如图 4 – 13 所示。

目标是分等级的、分难度的，比如面对疾病这个问题，可以有缓解、好转、根除等目标，对此，我们要设定适合自己的目标。适当对现有目标进行上调、下调，也是经常用到的行动思路。具体可以把目标简单地分为高、中、低三档，每一档中，仍然可以再分。

奔跑类的体育比赛通常分为预赛和决赛，运动员参加预赛是为了获得决赛的资格，所以在预算的时候只要能保证入围决赛就可以了，在预赛中可以适当保存体力。

有的目标过高，实现目标的条件不具备，则不但实现不了既定目标，还会造成对我们信心的打击，这样的目标应该“降级”。有些年轻人学习成功学的时候走极端，条件不具备的情况下制定了错误的目标，比如，一个普通人

图 4－13 “老师说不许我考第一”故事情节示意

要想“三五年内成为千万富翁”等，这其实就是自我折磨、自我打击。

有些目标过低，我们本来可以做得更好，可以争取更大的胜利，就应该去努力争取，这样的目标应该“升级”。家长有时间教育孩子，孩子的先天资质也很好，就应该把教育的目标进行升级，打造良好的亲子关系，对孩子全面展开素质教育。

有些目标是有害的、错误的，比如危害社会、损害他人利益的行为，想一夜暴富、巧取豪夺、窃取他人的成果等。

重新设定新目标，应该深究目标背后的最终目的。比如，为了让孩子变得更自信，我们可以让他学习某项专长，“学习某项专长”背后的最终目的是让孩子找自信，因为自信需要“让自己和他人肯定的东西”。实现这个最终目的的专长可以是书法，可以是武术，还可以是泥塑、绘画、音乐和舞蹈，也可以是顽强的意志、高尚的品德、动手操作的能力、渊博的知识……

1. 怎样设定新目标

基础：正确地评价自己，搞清外部条件。

现在的目标是否合适？需要根据方方面面的情况作出判断。

比如，面对某公司的招聘广告，我们对自己能力的正确认知和评价，以及自己能否胜任这项工作的判断，决定了自己是“选择”还是“放弃”。

再如，某工人是一个普通电焊工，普通焊接还勉强可以，突然接到一个飞机、船舶的焊工招聘信息，他就需要调查了解飞机和船舶对电焊工的技术等级要求，对比自己的现有水平和资格证，做出选择。

准确的判断是怎么得来的？这需要“敏锐的观察、勤奋的调查、综合的分析判断”。在判断现有条件的过程中，要做到手勤、脚勤、口勤、脑勤，切忌官僚主义、主观臆断、拍脑门式地下结论。通过勤奋“观察和调查”，对现有条件的判断，力争做到准确、全面、深透。

2. 先有决定，后有行动，切忌盲目行动

重新设定目标，需要做一系列的分析、判断。重新设定目标属于重大决定，不能盲目行动，而应慎重决定，制订行动的计划。此外，我们还要对新设定的目标进行检验。这种检验，就是探讨实现新目标的可行性。

原计划是坐飞机到某个城市，现有情况有了变化，人数增加，行李很多，就考虑开车去这个城市。这个新的决定是否可行，就需要综合判断。比如开车的总距离、路况、车况、开车的人对路线的熟悉程度、能否在指定日期到达等。

3. 设定最合适的目标

最合适的，就是最好的。

深入思考目标背后的最终目的，可以避免机械教条、抱住固定目标不放。我们可以放弃现有目标，通过分析目标背后的最终目的，重新设定可以达到最终目的的新目标。比如，考大学的最终目的是获得幸福美好的生活，实现个人价值，要实现这个最终目的，考大学这个目标不是唯一的，没有条件上大学的人，可以选择别的奋斗目标，同样可以过上幸福美好的生活，实现人生的价值。

目标表现为具体的事件，而“目的”是相对抽象空洞的词语。

放弃现有目标，重新设定一个新目标，这在生活中是经常遇到的。学生做题，得到最终答案，常常有多种解法；到图书馆抢座位的最终目的是“安静的学习环境”，我们可以通过其他办法，得到“安静的学习环境”。

通过以上分析，面对“现有目标有问题”，我们就有了清晰的思路。

五、解决问题的教育

家长要如何教，孩子才能练就“解决问题的能力”呢？

基础：敏锐的观察和准确的判断。

解决问题的办法由来：策略和思路，学习处理三类问题的知识。

最终落地：实际训练、增加训练次数。

1. 敏锐的观察力、准确的判断是基础

从小抓起，培养孩子主动注意的习惯、培养孩子敏锐观察的能力、培养孩子综合的分析判断能力。

想问题的解决办法时，不是凭空地乱想，而是要依据各种情况，相关的条件从何而来？敏锐的观察和综合的分析判断，就属于认知活动，所以认知能力是解决问题的基础。

分析已经出现的问题、预见可能出现的问题，都以观察和判断为基础。下一步的办法、思路，也要以观察和判断为依据。

2. 策略和思路可以找到办法

引导孩子分析问题，通过分析，找到解决问题的思路。

（1）教给孩子三类问题的思路和策略。

（2）直面问题的优秀品质。

民主的家庭教养方式、亲子之间的顺畅沟通是培养优良思维习惯的土壤。

重要任务：培养孩子勇敢面对问题的优秀品质。

直面问题，需要内心强大的精神力量。直接地、勇敢地面对问题，不逃避、不回避，是一种优秀的品质。

3. 实际操作和训练是最终落地策略

（1）提供训练机会，引导孩子独立地解决问题。

再好的技能，都是练出来的。只想不做，只说不做，本事不会自己产生。如果我们只在理论上“知道”问题解决的思路和方法，而没有迅速高效的“行动”，对于问题的解决是没有实效的。

生活之中随处皆有问题教育的机会，有些机会适合孩子亲自参与。家长要提供指导或者引导，鼓励孩子独立操作，独立地解决问题、分析问题、重新评价目标。这样的练习融于生活中，就是教育的艺术。

比如，我们可以陪着孩子坐在路边，在大街上观察可能引发问题的现象：有的行人闯红灯、有的车辆快速狂飙、有人随地吐痰、有人乱扔垃圾、有人对随身的财物疏于保管……

生活中遇到的一些小问题，家长可以引导孩子帮着想办法，解决问题的执行过程也可以让孩子共同参与。

比如，某个餐馆经营不善的问题，多是集中于几个方面的原因：位置不好、菜品不合消费者的口味、价格不合适、服务水平差、经营成本控制不好等。分析了产生问题的原因后，还应该有行之有效的行动。比如，小孩子在学校和生活中没有要好的朋友，我们就要引导孩子，一起分析问题产生的原因，根据原因采取对治的办法，监督、引导孩子把思考到的措施办法落实于行动。

“知行不一”会导致问题无法解决。解决问题的思考是智力教育的内容，解决问题的行动，以及在行动中克服困难、坚持不懈的品质，是非智力教育的内容。我们的教育必须立足于人的全面发展，智力与非智力的教育并重。

（2）增加训练次数。

量的积累，才能发生质的改变。

（3）总结、反省。

总结、反省是个“好老师”，是快速提高自己的好方法。解决问题的能力，是我们要教给孩子的基本智力能力，是非常实用的。

我们把以上论述变为操作步骤。如图4－14所示。

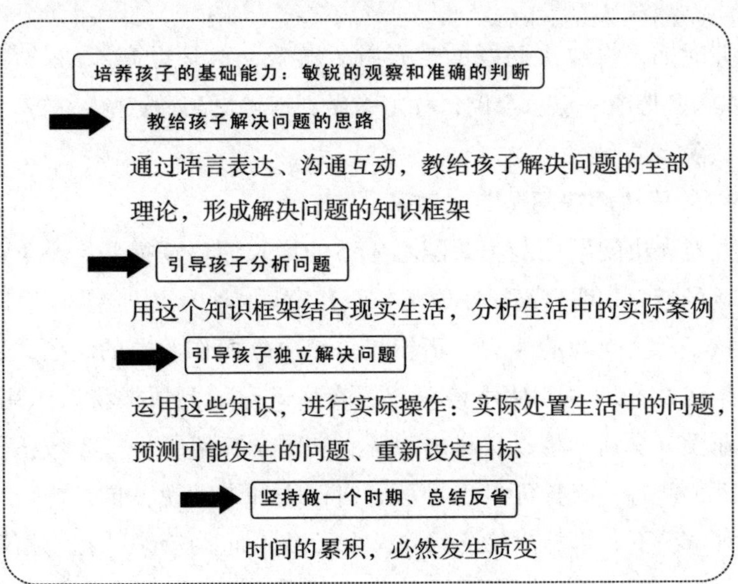

图4－14　教给孩子解决问题的能力

六、不同年龄阶段“解决问题”的教育

1. 幼儿阶段“解决问题”的教育

幼儿主动发现问题的意识很薄弱，对于已经出现的问题，比如水洒了、摔跟头了、衣服破了等小问题，他们会本能地做出反应。比如问：“饼干没有了，怎么办呢?”“去商店买。”幼儿对于问题的答案是简单的。

幼儿阶段的后期，即四五岁以后，孩子有了一定的语言理解能力，可以提出简单的解决问题的办法。家长应该先有“问题教育”的思考，才能在生活中抓住大量的教育机会，争取做到“教育机会无处不在”。不妨通过游戏的方式设置某种场景，引导幼儿产生自动化的反应——“遇到问题想办法”，引导孩子做一些简单的思考。

对于幼儿，解决问题的教育怎么传递给孩子呢？答案：说给孩子听 + 做给孩子看。

在家长处理问题的过程中，做给孩子看的同时，用幼儿听得懂的语言，向幼儿讲解问题解决的过程、步骤，比如洗碗的步骤、扫地的步骤、洗衣服的步骤……让幼儿对问题的原因、问题的解决过程留下印象，建立一些感性认识。

在幼儿时期，将解决问题的教育融入游戏，这是更高深的教育的艺术。比如，“积木垒得高一点总会倒，你怎么做到搭得更高一点呢?”“小熊总是不好好睡觉，怎么办呢?”

2. 小学阶段“解决问题”的教育

小学儿童解决问题的能力，随着年龄的增长而逐渐提升。小学高年级儿童解决问题的能力，明显高于小学低年级儿童。

培养孩子解决问题的能力，不仅仅是解决书面作业中的问题，还要学会解决实际生活中的问题，从小培养孩子直面问题的品质，将知识用于实际。比如，作业没有拿到学校、教科书丢了、和同学打架了……多数孩子会请求家长的帮助，此时，家长可以引导孩子自己去和老师说，自己想解决问题的办法。这种情况下，不是让孩子感到孤立无援，而是应该引导、建议、支持，但是去面对问题的人，一定是孩子自己。孩子在解决问题的过程中，思维的品质得到了极大的提升，为培养创新能力打下了基础。

我们在前面已经详述了解决问题的思路、策略，将这些理论知识结合小学儿童的实际情况，付诸行动，知识就产生了价值——总有办法。如图 4 – 15 所示。

图 4 – 15　知识产生的价值——总有办法

（1）已经出现的问题。

心态：总有办法。树立“办法总比困难多”的正确观念。

分析问题出现的原因：对于已经出现的问题的根本原因，小学低级儿童与高年级儿童的回答是完全不同的。小学低年级儿童对问题原因的回答是简单的、模糊的、片面的，高年级儿童提供的答案则相对全面、清楚、准确、深刻，在继续追问中，小学高年级儿童的回答逻辑关系更清晰严密。比如，展示交通事故的录像，问题是交通事故发生的原因。小学低年级儿童的回答简单，高年级儿童可以想到“交通安全意识”方面的原因。

当问题出现后，我们要引导小学儿童去思考问题的原因。

处理问题带来的不良后果：问题出现后，如果已经导致了不良的后果，那就要求我们不仅要思考，还要有所行动，小学儿童在行动的这个环节上是弱项，家长要适度给予帮助和指导。比如，裤子的口袋有一个洞，导致放在里面的零花钱丢失了。我们可以指导孩子使用针线，把破洞缝补上。这就是不仅思考，而且要动手操作。

（2）预见可能出现的问题。

小学儿童没有“预见可能发生的问题”的思维习惯。即使有预测的行动，多是偶然性的。我们的教育着力点是引导他们朝这个方向进行思考，并教给他们预测的方法。

这样的引导和教育可以与实际生活联系起来，比如突然下雨，很多同学没有带雨具，对于淋雨湿头的学生，很有可能感冒。由此告诉小学生要关注天气预报。

关于预见可能发生的问题的教育，这样的机会，在生活中是极其丰富的。

请记住，预测能力的基础是“敏锐的观察”和“综合的分析判断”。

（3）重新设定更合适的目标。

对于重新设定目标的三种条件——目标升级、目标降级、放弃目标，对于小学生而言，是不能完全领会的，所以在这三点的教育上，家长不要对孩子有太高的要求，主要工作是引导小学儿童往这个方向思考，有一些这方面的亲身经历即可。

引导孩子分析自己的情况，设定更合适的目标：怎样做才有更多时间玩耍，如何交更多的好朋友……

制定的目标过高过难，都会打击孩子的信心，就应该对目标进行下调。

有些目标是有害的，就应该勇敢地抛弃。比如，残酷的杂技训练、将一本书抄写背诵、残酷的体能训练等，对孩子的身体发育、心理健康会造成严重伤害，这样的事情就要立刻叫停。

过高的目标、有害的目标会使小学儿童受到打击，童年少年的不愉快经历，可能给孩子的一生留下心理阴影。

对于小学儿童，我们一定要遵循“小步子前进”的原则，让他们在前进中充分感受“设定目标——实现目标”的成功和快乐。

（4）创设有利环境——培养问题解决能力的有利环境。

我们不仅要教给孩子解决问题的思路、方法，还要创设有利的教育环境。民主和谐的家庭氛围，亲密的亲子关系可以促使孩子敢于发问、敢于表达自己的观点。

3. 中学阶段“解决问题”的教育

中学生的大部分时间用于书本知识的学习，可以引导孩子“如何解决实际生活中的问题”。

结合中学生的身心特点分述如下：

（1）被动解决已经出现的问题。

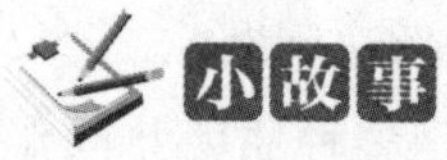

初中生锁贼

因为家境不好，父母收入低，二毛的家庭一直面临种种困难。但是二毛的父母一直是积极乐观的，他们不仅积极应对各种困难，也经常教育二毛要勤于思考、善于解决问题。这一天下午没有课，二毛放学回家很早。二毛用钥匙打开门，发现屋内翻得很乱，已经进屋的贼还在家里。二毛急中生智，他快速跑到屋外，“砰”的一声关上大门，并快速用随身带的钥匙，把贼反锁在了家里，并想办法报了警。

“妈妈，我把贼反锁在我们家里了！”二毛在电话里自豪地对妈妈说道。

“初中生锁贼”故事情节，如图 4－16 所示。

情景再现

图 4－16　二毛把贼反锁在了家里

中学生的抽象思维逐渐发展，面对出现的问题，已经可以分析出引发问题的多种原因，中学生的教育重点在于对问题进行立体分析，即多角度、多层次地分析。

中学生可以简单应对已经出现的问题所带来的后果，而不会像小学生那样简单、片面、手足无措。

分析解决问题的有利条件和不利条件、已有条件和所缺条件：我们可以引导中学生对问题的不同方面作出分析，这有助于更高效地解决问题。

传递给孩子这样一个正确观点：任何问题的出现，总是多种原因共同作用的结果，要在众多的原因中分清主要原因和次要原因。

（2）主动发现问题、准确地预测问题。

引导中学生往“发现问题”的方向去思考，在敏锐的观察和综合分析的基础之上，由于抽象思维的发展，中学生可以通过简单分析推理，预见一些可能发生的问题。

能够发现什么问题并不重要，重要的是有了这样的思维习惯。

（3）重新设定合适的新目标。

对于重新设定目标的三种条件——目标升级、目标降级、放弃目标，对于中学生而言，已经可以领会三者的内涵。家长要引导中学生往这个方向思考，也要指导他们怎么做。

4. 大学及成年初期“解决问题”的教育

大学生及成年初期的人，心智更加成熟，对问题的分析、判断、处理能力有明显提升。在解决问题的教育方面，重点是预见问题和重新设定目标的教育，并积极进行思考和训练，在做的过程中不断总结和反省。

第三节　创新的能力

“大学教育不是要学生记住一大堆事实，而是培养大脑如何思考。”

“创新”这个词出现的频率很高。创新需要继承前人的宝贵经验，学习前人总结的知识、规律。要继承人类几千年实践总结、积累的知识经验，也要去解决人类尚未解决的问题，去发现新规律、创造新事物。

发展和继承是创新的基础，但发展和继承与创新有本质的区别，而这个区别就在“新”字上，“新”从何而来——通过创造性的活动而产生。

创新对于推动社会进步的作用是显而易见的。探索未知、推陈出新是人类前进的永恒旋律。

谈论创新是简单的事。创新怎么做？创新怎么教？这是个难题。如果创新的教育对象是普通家长，希望他们学会后，再去教育他们的子女，那么我们关于创新教育的理论框架则必须是简单的、通俗的。

一切的行动，必须以正确的认识为前提，我们先建立对创新的正确认识。

一、创新概述

创新的基本特点是独创性、新颖性、具有社会价值。

别人在电脑上输入文字需要敲击键盘，如果我们在大脑和电脑之间接一根线，或者接一个遥控装置，输入文字只需要大脑“想”一下就可以了。我们将大脑的思维指令变成文字，显示在电脑屏幕上，这种独创性就是创新。

创新的思维是“创造性思维”。发散思维是创造性思维的主要表现形式。有人把创造性思维称为求异思维，这种思维方式沿着不同的方向，探求多种答案。

人的弹跳能力是有限的，在我们面前有一堵10米高（约三层楼高）垂直的墙，借助一定的工具，怎样才能翻越这堵高墙呢？采用发散思维，我们可以想到很多种办法：楼梯、带挂钩的飞索、搭高台（逐渐升高的台阶）……

关于创新的教育有很多争论，我们的目标是：简单、易教、易学、易操作、易产生实效。

1. 创新的出发点

（1）趋避目的。

趋：趋向于，想达到某个目标。

避：避免，想回避某个问题。

为了避免堵车时的拥堵，我们想发明一种新车，既可以四轮行驶，又可以缩小、折叠成两个轮子行驶，在堵车高峰的时候就能在非机动车道上骑行。

长期旅途奔波的人，想在很短的时间内就恢复身心状态。工作忙碌的人，想长期保持精力旺盛。这些以“想达到”为目的，进行无限的想象和探索，就是一种创新活动。

（2）提出了有价值的问题之后的思考与探索。

提出一个有价值的问题之后，我们还要思考，还要有探索性的行动。

比如，如何通过简单的机械，让人可以腾空飞跃？这个简单的机械如何设计？怎么制造？这些出发点都会把我们引入无限的想象与探索。

只有想法，没有行动，一切都只能沦为空谈。通过教育，引导孩子将想

法变成行动。

（3）异想天开、奇思妙想、“胡思乱想”。

孩子敢于“异想天开”需要适宜的外部环境。在民主的教养方式下，我们在教育过程中鼓励孩子大胆提出问题、发表观点、尝试错误、验证设想等，为“异想天开”创造出宽松的环境。

在人的成长过程中，特别是幼儿和小学阶段的孩子很喜欢幻想，对此我们要正确对待，用正确的方法进行引导。

灵感是产生创新的源泉之一，它不是凭空而来的，往往是剧烈思索之后的产物。灵感常常是残缺不全的，我们要对灵感进行修补、完善、甄别、筛选。

对于孩子的奇思妙想，我们要做的教育行动，就是积极引导、鼓励支持。脑电波文字录入设备就反映了孩子的奇思妙想。如图 4－17 所示。

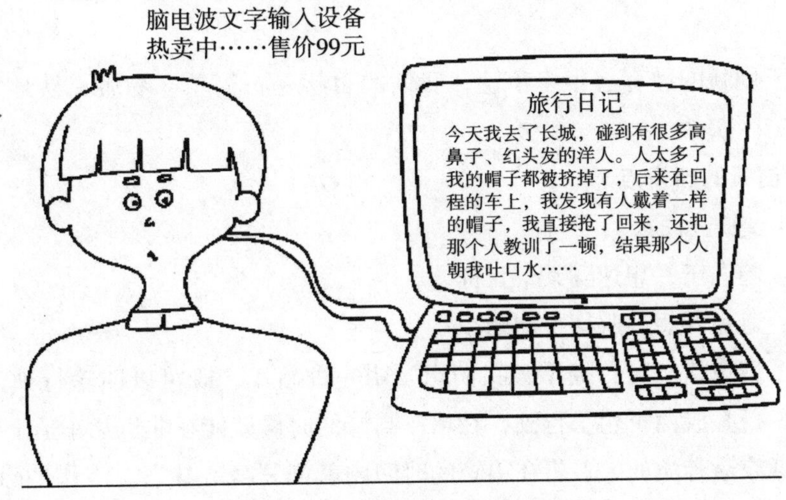

图 4－17　脑电波文字录入设备

2. 创新需要的条件

（1）创新的环境。

利于创新的生活环境和学习环境是软环境，利于验证创造性想法的硬件，如时间、人力、财力、物资供应等是硬环境。

（2）创新的人。

动机：有渴望创新的强烈动机。

年龄小一点的孩子突然的奇思妙想，如果得到了家长的鼓励表扬，会激发孩子创新的动机。“我想一下子飞到家里去。”小孩子产生这一类的奇想，是一种非常普遍的现象。家长要有正确的态度和方法，切不可把孩子创新的动机扼杀在摇篮里。

方法：方法得当、思路清晰，这需要总结所有前人在创新方面的经验。

总体来讲，创造性的组合是创新的共同点（不包括创造性地解决问题）。

思维能力：打破思维定式，骨子里要有创新思维，这需要专门的学习训练。

意志品质：思考之后的行动、失败之后的坚持，必须有强大的精神力量。

在创新方面要有如下优秀的意志品质：尊重知识、勤于思考、善于钻研、勇于质疑、刻意求新、独树一帜。

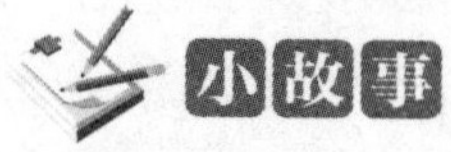

孩子拆了家里的按摩器

父亲回到家，他习惯性地吹了一声响亮的口号，以往每天只要他一打开房门，四岁半的儿子总会跑过来，接过他的公文包，为他拿拖鞋。然而今天却很反常，儿子站在离门口两米远的地方，直愣愣地看着爸爸，眼中充满了疑惑与不满。“爸爸你骗人。”儿子丢下这句话就转身跑回了屋子里。

情况很快弄明白了。儿子六岁的表哥来了，儿子对六岁的表哥说，爸爸买回的按摩器里有爸爸喂的机器虫子，这个机器虫子不吃饭，而是吃电，吃饱了就可以震动，帮助人按摩身体。两个小孩子找来工具，齐心协力把按摩器拆开了。

很晚了儿子在床上翻来覆去睡不着，妈妈问他为什么睡不着，儿子回答说：“爸爸骗人的行为，应该受到惩罚，但是我一直没有想到最佳的惩罚办法。”

妈妈突然发现，儿子说话的口气简直和他爸爸一模一样。

3. 创新的过程

创新的过程包括以下三个步骤：

第一步，创新的萌芽——大胆创想。

第二步，剧烈的思索。有时候显意识已经停止思考，潜意识也会继续工作。

第三步，验证创想——探索性的行动。

二、创新的基础

1. 动机的引发

我们要引发孩子强烈的创新动机，从小培养、讲究方法、坚持不懈，促成孩子对创新感兴趣，引导孩子“想”创新。

“创设有利于创新的环境”是培养孩子创新兴趣的环境力量，家长的引导是教育力量。

（1）民主的家庭教养方式，是有利于创新的家庭环境。

尊重与众不同的疑问，尊重与众不同的想法，向孩子证明他们的想法是有价值的，提供验证创新的机会和条件，给予创新的时间、空间和权利。

（2）引导孩子有创新的想法和行动，对这些想法和行动给予正面的刺激。

孩子创新的行为被肯定，孩子的奇思妙想受到家长和老师的赞扬，这些经历会反作用于孩子的观念，影响到孩子的心态，让孩子乐于创新。比如，孩子在做菜的时候，想到一种菜品之间的新的搭配方式，家长要对孩子的创新及时肯定，适当地引导。如果新搭配的菜品做出来之后美味可口，家长连声称赞，这样的亲身经历会激励孩子继续创新。

2. 创新思维的训练

对于创造性思维的教育，最好从小抓起、常抓不懈，让创新思维进入孩子的骨子里。

不立不破是指通过树立一种新观点，否定另外一种观点。比如，树立健康第一的观点，就可以打破“挣钱第一”的观点，因为第一只能有一个名额。

（1）破掉：单一想法、单一思路、机械教条的思维。

树立：发散式思维。

（2）破掉：思维定式、思维惯性。

树立：反思已有的结论、反思现成的观点。

（3）破掉：从众思维、服从权威的思维惯性。

树立：树立独立思考的意识。

（4）破掉：一有想法就盲目行动的坏习惯。

树立：创想之后的推理与验证，验证之后再行动。

发散思维和形象思维是创新思维的主要形式。我们要引导孩子主动进行发散思维和形象思维的训练，引导孩子打破原有的思维定式。

3. "观察—联系—想象"的基础训练

这个训练是通过画面的形式进行的，这种充满了画面的思维形态，就是形象思维。

"观察—联系—想象"的训练，大量地使用右脑，将这种右脑的开发融于生活，就是自然而然、大道无形。

（1）观察。

我们针对某个东西进行仔细的、深入的观察，思考这个东西的方方面面。比如，我们观察家里的电冰箱，它的形状、颜色、由哪几部分组成、各部分的功能、怎么操作电冰箱、一天要用多少度电、可以装下多少东西、哪些东西应该放在冷冻室、哪些东西应该放在冷藏室……

某一个东西，总是由几个部分组成的。我们把某个东西进行分解、分割之后，再进行观察、思考，会发现很多有趣的东西。比如，我们把书包分为背带、装书的包两个部分，对其中任一部分进行改变，这个书包也就改变了。

某个东西是一个点，这个东西的某一个组成部分也是一个点。

（2）联系。

两个事物之间发生组合，即是两点"联系"为一线。

联系就是把两个不同的事物放在一起，思考它们之间的联系、如何把它们组合成一个整体。

书包和文具盒，就是两个点。把文具盒放进书包，就是两个点的结合。

（3）想象。

书包、文具盒、钢笔、铅笔、橡皮擦、三角板、教科书、作业本、练习题等众多的点，就组成了一个完整的学习工具包。

在人成长的各个阶段，我们都要进行观察、联系、想象三方面的教育，

培养这三方面的基础能力。对于幼儿和小学儿童，他们的想象可以是漫无目的的“胡思乱想”，我们允许、鼓励他们的“胡思乱想”。

对于“观察—联系—想象”的基础训练，可以通过下面的示意图反映出来。如图 4－18 所示。

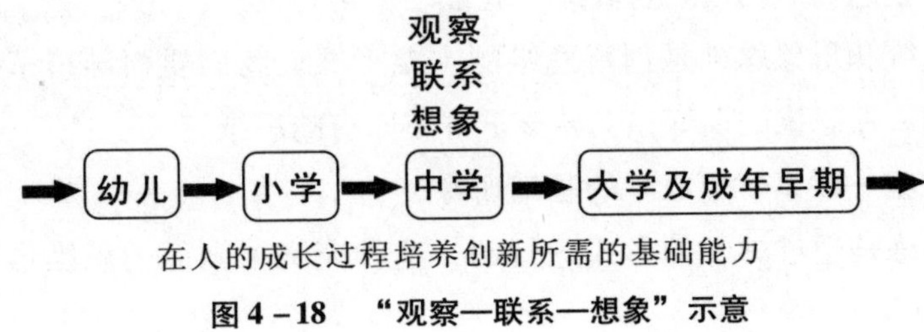

图 4－18 “观察—联系—想象”示意

三、创新的方法

现在所谓的创新方法有很多种，在这些方法中，“创造性的结合”是其核心。经过比较，有利于幼儿、小学、中学三个年龄阶段的孩子学习的创新方法，还是以“创造性组合”为主。

创造性组合是创新方法的核心。其创新的思考角度有以下几方面：

1. 分解之后的改变

把某个东西进行分解、分割，这样，一个整体就变成了很多组成部分。改变其中某个组成部分，原有的东西也就变化了。

比如，手机可以分为屏幕和机身、手机硬件和手机的操作系统、品牌和颜色、外观和颜色……

将事物的组成部分进行优化，“动词”有：增加、减少；变大、变小；替换：材料替换、颜色替换、形状替换、功能替换……

比如杯子，如果按实体划分，可以分为杯身、杯把、杯底、杯口等，我们把这些其中任何一部分进行改变，就会有新变化，如杯把做成蛇形、龙形，把杯口收小、放大、造型，把杯身、杯底适当造型变化，也会有新变化；从抽象的角度划分，杯子可以分为实——“杯子的材料”、虚——“杯子的造型”，虚实这两方面，其中之一作出优化，就可以有创新，其中的变化是千万种甚至不计其数的。

我们可以把某个过程，看成是一个整体。分解这个过程，改变其中某个过程，就会出现新变化。

引导孩子对随意物件进行组合创新的方式有许多，如图 4 – 19 所示。

图 4 – 19　引导孩子对随意物件进行组合创新的方式

2. 分解之后的重新组合

我们把一个东西，分割成多个组成部分之后，重新考虑这些组成部分之间的“结合方式”，打破原来的结合方式，用新的结合方式代替，就可以实现创新。

同样是 500 个人，结合方式上不同，可以排列出不同的队形。过去的兵法讲究排兵布阵，就是指将兵士的布置方式进行创新。

3. 把不同的东西融合在一起

把不同的东西组合在一起，会产生一种新东西、互相取长补短。

我们通常说的东西，有些是看得见的实体，有些是看不见的“概念、功能、用途”等，这样的组合，可以是“有形的组合”，也可以是“无形的组合”。

4. 新规律的发现、新材料的应用、新事物的发明、事物升级换代式的层层进化

这些创新往往是划时代的变革。比如，照相设备从胶卷式相机到数码相机、从蒸汽机到电力机。

以信息存储设备为例，随着时间的推移，一定会有更先进的装置出现。

四、创新教育怎么做

对创新的全面分析，是为了指导创新的教育。

（1）创新的基础训练：观察、联系、想象；分解、改变、组合。重要的是，培养创新的能力依靠训练，训练上注重正确的做法与积累做的次数；从小抓起、贯穿始终；扎实的基础训练，让孩子的创新插上腾飞的翅膀。

（2）用通俗的语言和图形，把创新的知识教给孩子。

（3）打造有利于创新的家庭教育环境。

（4）引导孩子的行动。

五、不同年龄阶段的创新教育

1. 幼儿阶段的创新教育

“成人要善于发现和保护幼儿的好奇心，充分利用自然和实际生活中的机会，引导幼儿通过观察、比较、操作、实验等方法，学习发现问题、分析问题和解决问题。”

（1）基础：观察能力的培养。

在观察能力方面，重点是培养幼儿的区别能力与分解能力。

我们要培养幼儿有意观察的习惯，引导思考两个物体之间的联系。和幼儿一起发现并分享周围新奇、有趣的事物或现象，一起寻找问题的答案。比如，把饼干的碎片放在花园里，观察蚂蚁“搬运”饼干碎片的情景，是一件孩子感兴趣的事。

“这个玩具熊的手是怎么弄脏的啊?”“小强的书包和你的书包有什么不一样呢?”家长要通过这样的提问，引起幼儿的注意，引导幼儿进行有意识的观察。

（2）培养对外界事物的兴趣，鼓励探索、保护想象力的萌芽。

家长要有意识地保护幼儿自由想象的空间，把幼儿阶段的创新教育融于生活、游戏之中，通过简单又快乐的教育，为以后的创新打下基础。

幼儿期的儿童认为外界的一切事物都是有生命的，他们的想象力尚未被扼杀，他们对世界充满了好奇与幻想，但是这些幻想多是没有根据的。

家长要真诚地接纳、多方面支持和鼓励幼儿的探索行为。如："认真对待幼儿的问题，引导他们猜一猜、想一想，有条件时和幼儿一起做一些简易的调查或有趣的小实验；容忍幼儿因探究而弄脏、弄乱甚至破坏物品的行为，引导他们活动后做好收拾整理；

多为幼儿选择一些能操作、多变化、多功能的玩具材料或废旧材料，在保证安全的前提下，鼓励幼儿拆装或动手自制玩具。"

在游戏和生活中，鼓励儿童的幻想；设置话题，引导幼儿进行想象；对幼儿主动提出的幻想给予及时的反馈，如倾听、赞扬、关注等。

"妈妈，我要是能长翅膀多好啊？""儿子真聪明，等你长大了，学了更多的知识，你可以为自己安一对机器做的翅膀，想飞到哪里都可以。"

2. 小学阶段的创新教育

(1) 培养观察能力的关键期。

观察、联系和想象，是进行创新的基础。

相对于幼儿，小学儿童对外界事物可以更深入地观察，已经具备了一定的抽象分割的能力，而不再仅限于"具体分割"。小学儿童对语言的理解能力更强，他们可以通过语言去理解父母和老师的想法。他们可以进行简单的分析和推理，发现一些外在事物的本质规律。比如，天气闷热，天上乌云翻滚，预示很可能要下大雨了；体积大而重量轻的东西，密度小，如海绵和白色塑料泡沫。

小学儿童已经有了一定的区别能力，能够区分事物之间的"不同点"和"相同点"。

(2) 联系能力。

小学儿童对抽象的东西，也可以进行联系想象了。例如，放大与缩小之间的关系、进步与后退之间的关系、热闹与冷清之间的关系。

观察是联系的基础，观察是点，而联系则是将两点连成了一条线。建立两个点、多个点，两个事物、多个事物之间的联系，是抽象思维的更高级形式。

对于小学儿童，仍应侧重于具体事物的联系训练。比如，一个碗和一只小猫，孩子可以把碗联系成猫进餐的器皿。再复杂一点，如一个碗和仙人掌，小朋友可以把碗联系成装仙人掌的花盆。但是打火机和仙人掌之间的联系，就稍微难一点了。

辩证思维是以联系和发展的观点看世界的思维方式。小学时期是辩证思维发生、发展的关键期。

（3）想象。

想象能力的培养，以观察和联系为基础。小学儿童的想象力丰富，经常超乎我们的预料。为了配合创新，让想象更有方向，以“想达到”“想避免”为出发点，提出问题，引导孩子有目的性的想象。比如，小孩子上学的路程很长，我们就以此为题，“怎样在一分钟内就到家?”“怎样避免上学路上的拥堵?”夏天酷暑难耐，怎样才不热?

在实践中，如果观察和联系的训练做得好，孩子会自动地提出很多的奇思妙想。

（4）创新所需的基本思维训练：形象思维和发散思维的训练。

（5）分解、改变、组合。

要告诉孩子，每个东西都可以被分解为几个组成部分。针对分解的某一组成部分、某几部分进行变革，可以有新变化。这些话，小学儿童是可以明白的。

基础的练习就是对事物的拆分练习。这种拆分的练习和思考，应该从具体事物做起。

通过不同的角度，可以把有形的具体事物划分为不同的组成部分。我们将这些分解的某一组成部分进行变革，就可以有新变化。比如，在自行车的把手加一层装饰、加一层发光物质，这个把手就超越了普通的把手。

一些抽象的词语，比如功能，对于小学生来说，理解起来要难一些。小学生的抽象思维能力很弱，我们在这方面的要求不能过高。进一步地，告诉孩子，把一个东西分解成为几个组成部分之后，改变它们的组合方式。

比如，自行车的两个轮胎是通过几根钢架结合在一起的。书籍的纸张的结合方式，有的是胶封的，有的是线装的。电脑的主机与显示屏的连接方式，有的是分开的，有的合并在了一起。

两个不同的东西有机地结合在一起，可以产生新东西。比如打火机与手枪结合，生产出了手枪外形的打火机。秒表、计算器的功能植入手机之中，手机可以充当秒表和计算器。

3. 中学阶段的创新教育

从初中到高中，随着年龄的增长，孩子已经可以进行稍复杂的推理、分析、综合。这些智力的发展，为创新的教育奠定了基础。

（1）高质量的观察能力。

高中阶段的观察水平已经很高，对事物之间的联系、概念之间的联系可以很熟练地进行。对于高中生的观察活动，我们可以在深广度、准确度等方面提出要求。

（2）以观察基础的联系和想象。

中学生的想象已经有了条理性，不再是支离破碎的幻想。

（3）扎实地进行创新所需要的基础训练。

（4）教给孩子创新方面的理论知识，并引导孩子动手实践。

4. 大学及成年初期的创新教育

大学生创新教育的重点是打破固有的思维模式、掌握创新的方法，主动进行创新方面的训练，自主自觉地在实践中总结、提高。

继续和发展都是继承，模仿是必要的，但是我们不能停留于模仿，而应学会创新。

大学生对于创新方法的应用，是可以产出创新成果的。大学生的逻辑思维日趋成熟完善，更能够抓住稍纵即逝的灵感，对灵感进行后续的补充、完善，以灵感提供的思路为突破口进行积极的探索。

第五章
各成长阶段的问题及对策
——防止成长的过程中做减法

人在不同的年龄阶段，体现出特定的心理、生理特点。我们的教育活动，必须以这些心理、生理特点为依据而进行。首先要做的，就是学习孩子在各个年龄阶段的身心特点。其次是根据这些特点，防止问题的出现，防止“做减法”。最后是积极培养孩子各方面的能力和素养，为孩子的人生“做加法”。

教育之累有三：

其一，很多家长都是按自己的主观经验教育孩子，想怎么教就怎么教。家长们往往只注重某一个点的教育，比如“行为习惯”就只是一个点。个人的主观经验错误在所难免，怎么会不累？教育是门科学，有其自身的结构和规律。我们要以科学为依据，按规律办事，重点是学习规律，并灵活运用。

其二，应试教育的大环境，家长对教育的评价标准单一，跟着应试教育跑，怎么会不累？解决之道在于，以人为本，让孩子健康成长、全面发展。全面发展的教育，难点在于落实。

其三，青少年学生的焦虑、抑郁、厌学、强迫症、网络游戏成瘾、精神空虚、自私自利导致的极端行为层出不穷，家长要防范自己的孩子出现同样的问题，怎么会不累？对于出现的问题，我们想办法解决。最佳的方案是“治未病”，提前预见，提前采取各种措施，防止各种问题的发生。

人的成长过程是连续的，这个过程具有明显的“阶段性”特点。当孩子牙牙学语、蹒跚学步的时候，我们可以原谅他们所犯的任何错误，但是随着孩子逐渐长大，进入幼儿、小学、中学阶段，我们就开始对孩子百般挑剔了，发现孩子“不听话”了，难教了，问题多了。其实，教育这个全局，一旦与孩子的成长过程结合起来，系统就由静态变成了动态。幼儿的顽皮、小学儿童的逃课和偷钱、中学生的早恋和打架等，这些事情都是正常现象，都是符合孩子所在年龄的心理特点的，我们应该正确处理已经发生的问题，以动态的办法预防各种问题的发生。

人在各年龄阶段的身心特点，有其普遍性与特殊性。普遍性，即某一年龄段的心理特征是相对稳定的，比如，八九岁仍然是天真幼稚的年龄。特殊性，即有极特殊的个例，有八九岁的小孩子独自支撑起家庭的重担，照顾卧病在床的长辈，自己还要做饭、洗衣，这种独立已经超出了该年龄阶段的普遍特征。现实中就有这样的例子。

2013 年 1 月 13 日，新华网以“最坚强留守女童：9 岁撑起一个家”为题，报道了广西隆林县德峨乡那地村留守女童李阿作用稚嫩的肩膀撑起了一个家：4 年前，父母外出打工，年仅 5 岁的李阿作开始照顾 3 岁的弟弟和上小学的哥哥，做饭、洗衣、喂猪……只要父母不回家，她就一直坚持做下去。

对年龄阶段的划分，我们参照了《发展心理学》的研究成果，但是又略去了 0 ~ 3 岁这个年龄段。“应试教育幼儿化”“早期智力开发”一度被炒得很热，我们认为早期智力的适度开发是正确的，过度开发是偏激有害的。

事实上，过早的知识传授是让孩子变笨的方法。一些热衷于所谓“智力开发”的父母，积极地对幼小的孩子进行读写算训练。很多知识不符合幼儿的认知特点，孩子可以透支潜能死记硬背下来，但死记这些他们并不理解的知识，就是在消耗孩子对外界事物的兴趣。这些不符合孩子身心特点的灌输，就是在摧残孩子：透支了潜能、消耗了兴趣、暗中挫伤了自信。

孩子读诵传统文化中的经典，是播种正能量的一种方式。这种读诵也要注意照顾孩子的情绪。

0 ~ 3 岁，这个年龄阶段的孩子如果表现出了出众的智力能力，家长可以因势利导进行更进一步的教育。但是要始终牢记教育是一个全局，只有“智力教育”是不够的。人的幸福与生命价值，是智力与非智力因素共同作用的结果。

“大道无形、包容万象”是中华文化的重要内容。

0～3 岁，主要任务是健康成长。做到了这一点就抓住了主要矛盾，次要矛盾就迎刃而解了。对于0～3 岁的幼儿，定期的儿童保健是必要的。

教育是个双向互动的过程，0～3 岁的幼儿所能够参与的教育互动是极其有限的。这个年龄段的教育重点是保证孩子的健康成长、形成一些好的行为习惯。对3 岁之前幼儿的行为习惯的教育，可以参照本书的相关章节。

我们详述了各个年龄段的“关注要点”，防止在孩子的成长过程中做“减法”，即要防止在孩子的成长过程中出问题。我们的教育任务主要是做“加法”，即培养孩子的能力和素养。

我们将普遍性与特殊性结合起来，将教育的内容与人成长的阶段结合起来，将普遍规律与“具体情况”结合起来，在教育过程中力争做到防止教条、灵活机动、切实有效。

第一节　幼儿阶段

幼儿期是指3 岁到上小学（六七岁）的年龄段。

我们要根据人在幼儿阶段的身心特点，对孩子进行智力和非智力方面的教育。3 岁至六七岁的幼儿，已经可以与父母、老师进行更多的互动沟通。

有些西方国家在培养孩子的个性、优良品质方面，值得我们学习借鉴。人人凭本事吃饭，没有人身依附。靠自己的双手挣钱成为孩子的自觉行为，勤奋、节俭蔚然成风。

人的成长具有不可逆性，幼儿期的教育处于非常重要的第一起始阶段，对后续的所有阶段的教育都有着重要影响。

幼儿阶段教育的总体目标是：发育良好的身体、愉快的情绪、强健的体质、协调的动作、良好的生活习惯和基本生活能力。

一、保障幼儿的身心健康发展

幼儿的身心健康发展需要三大保障：保障睡眠、运动与营养摄入；保障幼儿的安全；保障幼儿的心理健康。

1. 保障睡眠、运动与营养摄入

家长要保证幼儿有充足的睡眠时间：保证幼儿每天睡 11～12 小时，其中午睡一般应达到 2 个小时左右。午睡时间可根据幼儿的年龄、季节的变化和个体差异适当减少。

家长要保证幼儿充足的户外运动时间：幼儿每天的户外活动时间一般不少于两小时，其中体育活动时间不少于 1 小时，季节交替时要坚持。

保证幼儿营养的摄入：幼儿时期是身体发育的关键时期，大脑的发育，身体内部器官的发育，需要全面、充足的营养。家长要保证幼儿对蛋白质、维生素、矿物质等全面营养的摄入。人体器官的合成不能缺少蛋白质，我们主张补充蛋白质的食物多样化搭配，豆类、核桃、花生、坚果、鱼肉、各种瘦肉、鸡蛋、牛奶的综合补给、混合交叉食用。维生素与孩子的免疫力密切相关，疾病会影响孩子的生长发育，通过多样化的合理膳食，完成维生素的全面的自然摄入。当然，其他营养成分的摄入也不可忽视。

幼儿不能过度进补，要避免过度营养，还要避免摄入含激素食品引起的性早熟。

2. 保障幼儿的安全

（1）创设安全的生活环境，提供必要的保护措施。

比如，要把热水瓶、药品、火柴、刀具等物品放到幼儿够不到的地方；阳台或窗台要有安全保护措施；要使用安全的电源插座；在公共场所要注意照看好幼儿；幼儿乘车、乘电梯时要有成人陪伴；不把幼儿单独留在家里或汽车里等。

（2）结合生活实际对幼儿进行安全教育。

比如，外出时，提醒幼儿要紧跟成人，不远离成人的视线，不跟陌生人走，不吃陌生人给的东西，不在河边和马路边玩耍，遵守交通规则；帮助幼儿了解周围环境中不安全的事物，不做危险的事，如不动热水壶、不玩火柴或打火机、不摸电源插座、不攀爬窗户或阳台等；帮助幼儿认识常见的安全标志，如小心触电、小心有毒、禁止下河游泳、紧急出口等；告诉幼儿不允许别人触摸自己的隐私部位。

（3）教给幼儿简单的自救和求救的方法。

比如，记住自己家庭的住址、电话号码，父母的姓名和单位，一旦走失时知道向成人求助，并能提供必要信息。大声地反复诵读的方法，可以让幼儿记住某些关键信息；遇到火灾或其他紧急情况时，知道要拨打 110、120、119 等求救电话；可利用图书、音像等材料对幼儿进行逃生和求救方面的教育，并运用游戏方式模拟练习；家长可以要求幼儿园定期进行火灾、地震等自然灾害的逃生演习。

对于教育幼儿具备基本的安全知识和自我保护能力，2012 教育部《3～6 岁儿童学习和发展指南》中也给出了具体要求。如表 5－1 所示。

表 5－1　幼儿应该具备的基本安全知识和自我保护能力

年龄段	内　容
3～4 岁	①不吃陌生人给的东西，不跟陌生人走。 ②在提醒下能注意安全，不做危险的事。 ③在公共场所走失时，能向警察或有关人员说出自己和家长的名字、电话号码等简单信息。
4～5 岁	①知道在公共场合不远离成人的视线单独活动。 ②认识常见的安全标志，能遵守安全规则。 ③运动时能主动躲避危险。 ④知道简单的求助方式。
5～6 岁	①未经大人允许不给陌生人开门。 ②能自觉遵守基本的安全规则和交通规则。 ③运动时能注意安全，不给他人造成危险。 ④知道一些基本防灾知识。

3. 保障幼儿的心理健康

幼儿时期是对外界的安全感、信任感形成的关键时期。正确的做法是父母要尽可能多地陪在孩子身边，营造温暖、轻松的环境，父亲教给孩子坚强、阳刚，母亲教给孩子关爱、包容。

生活中避免引起孩子恐惧的因素，比如恐怖的故事、电视、电影，恐怖的场所。特别提醒，自闭症是一种幼儿期的多发病，我们要仔细观察幼儿的各种表现，尽早发现自闭症，尽早治疗。

自闭症的明显特征表现为：第一，回避眼神交会，哪怕是对父母，也是一样。他的目光往往不会在某个固定目标上停留，往往与别人眼神接触几秒就移开。就算能接触几秒钟，眼神也是飘忽的，没有与对视者产生心灵沟通。第二，有一些特别行为，比如手部动作、转圈、对某些非生命物体特别依恋等。这些行为往往非常单调，但他们乐此不疲，且不愿被人打断。第三，不听指令，别人对他们说话就像“耳旁风”一样，他们仍然沉浸在自己的世界里。

二、关注幼儿的思维特点

儿童的思维形式主要是“具体形象思维”。

具体形象思维是凭借事物的“具体形象”（外在表象）来联想、思考，而不是凭借事物内在本质和关系的理解，如幼儿通过电视机的外部特征来识别电视机。事物的内在本质和事物之间的关系描述都是抽象、空洞的，这些抽象、空洞的概念，对于幼儿来说，是难以理解的。抽象思维是凭借概念、判断和推理来进行的。例如，提到电视机，幼儿可以想到电视机的样子、电视画面中播放的动画片、一家人看电视的场景，而不能想到电视机的工作原理、电视机的功能等。

幼儿期的儿童，逻辑思维只有初步的发展，只形成了非常简单的概念，如大人、长辈等。这些简单概念的背后，仍然是以具体形象思维为支撑的。

幼儿阶段是人的一生之中天真幼稚、无忧无虑的阶段。

孩子从蹒跚学步的一两岁进入幼儿期之后，家长会突然感到孩子变得“不听话”了。家长说东，孩子偏要往西。这是非常正常的现象，这就是孩子在这个年龄阶段的普遍特点。幼儿的主要工作就是游戏。他们喜欢好吃的、好玩的。3~5 岁是孩子人生旅程中第一个独立期，调皮捣蛋、打人、骂人都是正常的表现。当然，我们要对幼儿的不当行为及时进行矫正。

孩子到了 3 岁左右，我们会一下觉得孩子有了一点小脾气，有时候甚至和大人对着干了。家长的正确做法是，不要在某个点、某件事情上与孩子纠缠和对抗，而是要换一个点、换一件事转换孩子的注意力，换一个时机对孩子进行教育。比如，孩子在超市里偏要买某个玩具，不买就不走，我们不要在“买与不买”这个点、这件事情上纠缠，不妨转移一下，如“这个玩具这么吓人，买回去要把院子里的小花猫吓坏的，怎么办呢?”“上次买的葡萄干味道很好，快点走，我们再去买一点吧。”

允许幼儿表达自己的情绪，并给予适当的引导。如幼儿发脾气时不硬性压制，等其平静后告诉他什么行为是可以接受的切勿对幼儿的不当表现进行打骂。

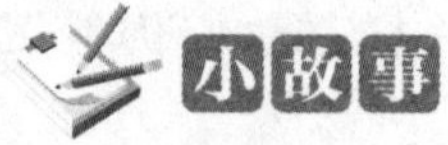

小故事

4岁的女儿太不讲道理了

妈妈正在家里训斥女儿的时候，电话响了，原来是妈妈网购的衣服送到了。妈妈下楼取完快递重新上楼的时候，女儿却把门反锁起来，怎么叫也不开门。

爸爸回家了，女儿还是不开门，女儿隔着门缝说上次爸爸说话不算数，说好要买棉花糖回家却没有做到，这次要惩罚爸爸，让爸爸晚上睡在楼道里，妈妈打过她很多次，也要让妈妈睡在楼道里。

女儿4岁了，从过去2岁时的乖巧听话突然变得不讲道理了，想干什么就干什么，想买什么东西就死赖着不走。有时候妈妈拗不过女儿，也会把女儿推出门，关在门外。没想到这一次，女儿也把妈妈和爸爸关在了门外。

看来这天晚上，妈妈和爸爸真的要睡楼道了。

"4岁的女儿太不讲道理了"故事情节，如图5-1所示。

图5-1 "4岁的女儿太不讲道理了"故事情节示意

教育的时机主要是在平时，而且要由弱到强、循序渐进、"从小事着手"

对孩子的不当行为进行矫正。比如，孩子有了这样的“成功经历”——通过打滚、哭闹可以得到“想要的东西”，那么孩子在下一次有需求的时候，他仍会打滚和哭闹。我们可以在平时用行动和语言告诉孩子，打滚和哭闹是行不通的。经过多次的“反向刺激”，孩子感到哭闹真的行不通了，哭闹的行为就会减少直至消失。

三、幼儿期教育主要是通过游戏的形式进行

“幼儿的主要工作就是游戏”“让儿童快乐地自由游戏”这种观点，与成年人对儿童游戏的适当干预并不是对立的。成年人在不妨碍幼儿自主创造性的前提下，可以对幼儿的游戏进行适当指导和干预。

游戏是幼儿最喜欢的活动方式，轻松、自由的氛围下，教育活动自然而然地展开，水乳交融，和谐共生。将游戏分为3类。

1. 活动性游戏

跑、跳、爬等身体运动，能提高身体素质以及四肢的协调能力，锻炼幼儿的意志。利用多种活动发展身体平衡和协调能力、发展幼儿动作的协调性和灵活性。

2. 教学型游戏

认图片、拼字、拼玩具、绕口令等，应试教育的大环境下，幼儿园多偏重于这一类的游戏。通过教育性游戏，教给幼儿以下基本生活能力：“指导幼儿学习和掌握生活自理的基本方法，如穿脱衣服和鞋袜、洗手洗脸、擦鼻涕、擦屁股的正确方法。”

3. 创造性游戏

积木建房、模拟故事剧情中的人物、模拟炒菜做饭等就属于创造性游戏。比如，家长可以把传送正确的道德观点、正确的行为习惯融合于游戏中，设置在故事情节的人物对话中。

再哭，我就打屁股了

两个小朋友演戏，一个扮演家长，一个扮演孩子。

小朋友扮演的“家长”和“孩子”一起逛街，“孩子”闹着要吃冰激凌，“家长”严肃地告诉孩子不能吃冰激凌：“小孩子经常吃冰激凌对身体不好，听话，乖点，啊……”

“孩子”哭闹着坚持要买冰激凌吃。“家长”变得严肃起来：“再哭，我就打屁股了！”这个小大人完全是模仿平时大人训小孩子的口气。

“再哭，我就打屁股了”故事情节，如图5－2所示。

图5－2　“再哭，我就打屁股了”故事情节示意

四、培养和重视幼儿的自尊

研究表明，3岁左右的孩子的自尊开始萌芽，犯了错误、做了错事会感到羞耻，怕别人讥笑，不愿被当众训斥，在意自己在幼儿园老师心目中的印象。所以，家长要像保护眼睛一样，保护幼儿的自尊心。

自尊与幼儿的教养方式密切相关。民主型家庭中容易建立孩子的高自尊，对孩子的专制教育、过分溺爱、教育方式不一致，容易形成孩子的低自尊。

自尊与学习的动力密切相关，有句土话叫“响鼓不用重锤”，就是指给高自尊的孩子很小的外界刺激，就会对他们产生有分量的影响力。孩子的自尊也影响孩子的自我评价、影响孩子对短期目标的设定与奋斗。

五、同伴关系对幼儿意义重大

同伴可以满足幼儿归属和爱的需要，受尊重的需要，同时提供了向他人学习的机会。早期幼儿同伴关系不良，容易导致以后社会适应的困难。

研究表明，对于在班上没有朋友的儿童，比起其他儿童，更容易出现以下问题：退学（或逃学）；孤僻、退缩、冷漠、压抑或其他心理障碍；加入不良团伙乃至犯罪。

“家庭、幼儿园和社会应共同努力，创设温暖、关爱、平等的家庭和集体生活氛围，建立良好的亲子关系、师生关系和同伴关系，让幼儿获得安全感和信任感，发展自信和自尊，形成认同感和归属感。”

我们要教给幼儿与同伴相处的能力。

第一步，通过教育，促使幼儿愿意与人交往。

让幼儿愿意与人交往的具体教育操作办法是：提供机会＋感受快乐。

提供机会：制造让孩子与同伴交往的机会。

感受快乐：让孩子在与人交往中感觉到快乐。

第二步，教给幼儿能够与人友好相处的能力。

想和做是两回事，“愿意与人交往”与“能够与人友好相处”是两回事。

幼儿与同伴友好相处的具体教育操作是：

培养幼儿的交往能力的做法：教授交往的基本技能＋简单的思考方法。

教给幼儿与人交往的基本规则和技能，如游戏中的角色扮演，如何加入游戏，如何提出请求，如何分享玩具和图书，如何处理与同伴间的矛盾（协商、交换、协作、补偿等）。

针对与人交往的话题，教会幼儿进行一些简单的思考，如什么样的行为受大家的欢迎，如何齐心协力完成活动，引导幼儿换位思考、理解别人。

六、对幼儿教育坚持“以人为本”的理念

以知识为本的幼儿教育，教师和家长用现成的知识去填充幼儿的头脑，在游戏中只注意教育型的游戏，而忽视创造性的游戏。

大量的知识与幼儿的思维方式无关，当我们把这些无关的知识填充到幼儿的头脑中去的时候，我们实际上就扼杀了幼儿的发展和创造的可能性。

坚持人本位的教育理念，即使在幼儿阶段的教育中，也充分体现对生命个体的尊重，注重生命的价值，注重人的全面发展，积极支持和引导幼儿的探索性活动，而不只是在乎知识的库存量和考试的能力。

全面发展不是各方面能力的叠加，而是指学习发展的方向是全面的、立体的、有机结合的。

做法：全方位的发展，智力与非智力并重。

七、理解幼儿的各种表现，正确处理各种问题

孩子在幼儿期变化非常大，3～6岁会有很多让家长意想不到的惊喜，同时也会带来很多无可奈何的烦恼，这些烦恼就是孩子的无理取闹，表现为说谎、撒娇、纠缠不休、执拗、打人、咬人、摔东西、哭闹、重复、忌妒、不合群、拿别人的东西、恐惧、害羞、入园焦虑……

面对各种各样的问题，家长不要自作聪明地得出结论。孩子种种表现背后有极其复杂的心理原因。我们找到了原因，也就找到了办法。

在幼儿的众多表现中，绝大多数是正常的，也就是说这恰恰是幼儿的正常表现。对于恐惧、不合群等容易产生隐患的表现，才是我们重点要对治的问题。

说谎：孩子有时候分不清梦境、理想与现实，把他的愿望说成了事实；想通过说谎得到想要的东西；根本不知道说谎是个错误……

打人、咬人：他曾经被父母打骂，宣泄和模仿；在家里就有这种坏习惯，没有被及时纠正；某种其他情绪的宣泄；先到遗传的性格导致的暴躁……

撒娇：想得到父母的关注，得到父母的更多关爱……

哭闹、摔东西：再正常不过的情绪反应，平静的时候再进行行为的矫正。

执拗、忌妒：与大人相同的心理反应，孩子冷静的时候进行说服沟通，再辅助进行为习惯的矫正。

1. 入园焦虑症

多数孩子进入幼儿园的那个阶段会出现强烈的不适应：剧烈哭闹、入园恐惧、入园焦虑。很多家长和老师都认为这是正常现象，因为幼儿对安全感非常敏感，孩子与父母分离，离开了温暖安全的家，来到了一个陌生的环境，这些所带来的不安全感，所引起的反应是正常现象。

把孩子送进幼儿园，我们可以把这件事拆分为几个阶段，让孩子平稳地过渡。

提前准备，让孩子觉得上幼儿园会是件快乐的事情，让孩子觉得上幼儿

园是一种奖励：在孩子准备去上幼儿园的前半年，利用各种教育机会，把话题牵扯到“上幼儿园”这个话题上。“宝宝真乖，宝宝表现好，妈妈就送你去幼儿园玩，那里有那么多的小朋友陪着宝宝一起玩，那里有很多好玩的玩具”，让孩子看一些幼儿园小朋友的快乐画面、快乐视频，引导孩子对上幼儿园产生向往和期盼。

带孩子到幼儿园门口去玩耍：最好是步行去，或者在离幼儿园前面一站远的地方就下车，然后走路去幼儿园，在幼儿园的门口玩耍几次，让孩子熟悉幼儿园周边的环境，每次都给孩子制造一点快乐，比如零食和玩具。让快乐与幼儿园两者之间联系起来，数量上做到三次以上。

带孩子到幼儿园内部实习：实习的次数视情况而定，让孩子知道这就是他以后要玩耍的地方，让孩子与老师和同学们认识，在座位上试坐，与孩子们试玩。让孩子对幼儿园内部产生熟悉感。一般三次就可以让孩子基本熟了。熟悉之后，再与孩子一起离开。

与孩子商量，引导孩子上午一个人待在幼儿园：提前与孩子商量好，提出各种奖励和承诺，“你在幼儿园里面，妈妈在外面看书等着你，上午你放学的时候，妈妈就在门口等着你呢。”

与孩子商量，引导孩子在幼儿园待一天，在幼儿园睡午觉：幼儿在午觉醒来的时候，处于一种朦胧状态，初次在外面一个人睡午觉，第一次醒来的时候会对外在环境产生强烈的不适应。在前面几个回合的充分铺垫之后，这种不适应感会极大地降低。这个环节最好与幼儿园的老师配合完成，让孩子醒来之后，有老师陪在身边。

以上五个回合的拆解看似复杂，其实却可以在半个月之内全部完成，有的孩子在学校的哭闹也在 1 ~ 2 周。

强行让孩子在幼儿园适应，这也是一种锻炼适应能力的机会。究竟是采用一步到位，还是逐渐过渡的办法，要依据孩子的情况而定，要依据家长的教育理念而定。对于内向、羞怯、体质弱的孩子，逐渐过渡是一个适宜的办法。

2. 恐惧

3 ~ 6 岁是孩子对外界形成安全感的关键阶段，对外界的恐惧会严重伤害孩子身心健康。首先恐惧的时候人的身体会分泌肾上腺素，在孩子受到惊吓的时候，应该赶紧让孩子排尿，通过排尿产生的正负压力差，把多余的肾上腺素排出体外。恐惧让孩子对外界没有安全感，长大以后对别人、对社会不易产生发自内心的信任。

我们要找到孩子产生恐惧的原因，为什么恐惧、对什么恐惧。孩子的恐惧与成年人的恐惧有很大差别，孩子的恐惧往往由偶发事件、突发事件、一句话、一件事、一种场景所诱发。比如，“邻家哥说，我的家门口有吸血鬼，就跟电视里演的那个鬼一模一样。爸爸妈妈不在家的时候，他就要来找我……”

找到了孩子产生恐惧的原因，我们可以有多种办法一起综合治疗：

矫正孩子产生恐惧的观念：这是××编出来吓你的；爸爸妈妈不会离开你的，爸爸妈妈要陪着你长大，你也要陪着爸爸妈妈变老……

暂时离开原有环境：有些恐惧与原有环境牵扯在一起，在那个环境下，孩子的恐惧消失得很慢，我们可以索性暂时离开一段时间。

转换注意的重点：用大量欢乐、愉悦的事情，充满孩子的生活的大脑，去赢得时间，随着时间的推移，恐惧会逐渐淡化。

3. 不合群

孩子不合群的原因就非常复杂了，这其中同样有偶发事件，比如有一个大个子的同学欺负过他，有同学嘲笑过他穿的衣服……更为普遍的原因有如下几点：

孩子怕生：性格内向的孩子、与其他小朋友接触少的孩子，出现怕生是非常正常的现象。父母在场的情况下，通过引导，让孩子在与其他孩子的交往过程中体会到快乐，重复这样的正面刺激，随着时间的推移，怕生就会逐渐弱化。

孩子在原有家庭中过于以自己为中心：在与其他小朋友交往过程中，感觉到了太大的不习惯，针对这一点，我们要提前对治，矫正孩子以自我为中心的倾向。

孩子身上的一些比较突出的缺点：如捣乱、打人、骂人、咬人、砸东西等原因，导致其他小朋友不欢迎他加入。

过于内向、体弱多病的孩子：多数不愿意参加集体游戏和活动。针对这一点，我们要想办法增强孩子的体质，花更多的时间去制造快乐，陪着孩子过渡。

智力发育迟缓的孩子：儿童保健很重要，健康合理的饮食很重要。智力发育迟缓，免不了受同学的欺负和排挤，因而易造成孩子易怒、粗暴，产生自卑感。

性格特别古怪的孩子：他们也不愿和朋友一起玩，并且不容易在短期内转变。父母一定要特别有耐心，与孩子交流感情，制造快乐，找心理专家和精神科医生对症施治。

第二节　小学阶段

学生在9岁左右才开始形成道德观念，在此之前，他们对于对错、是非、耻辱的观念非常淡化，这个年龄段孩子初次犯错（按道理，错误应该惩罚），家长和教师应该认真分析犯错的原因，通过双向互动沟通的方式，详细了解具体情况，即使对于偷盗、打架这样的错误，也要特别注意掌握处罚的分寸，我们主张第一次犯错应以警告为主。

本文的小学是指现在九年制学校的一年级到六年级。

六七岁至十二三岁，是儿童处于小学学习阶段的年龄段，是人成长过程中的又一关键阶段。在这个过程中，家长要对孩子的以下要求进行正确引导。如图5－3所示。

图5－3　家长对八九岁孩子的要求要正确引导

小学阶段，儿童身心特点与幼儿期的儿童相比，发生了很大的变化。其实我们还可以将小学阶段再次划分为小学低年级和小学高年级两个部分。

小学阶段，学习活动成为了儿童的主要活动，学习的动机开始分化，小学低年级和高年级有明显不同的学习动机。兴趣、动机，是小学生学习的动力因素。对此，家长应做到密切关注、细致观察，通过双向互动沟通，掌握孩子真实的学习动机。

相对于幼儿，小学儿童有以下变化：小学儿童形成了一定的学习策略和方法，对知识的识别记忆、加工处理能力提高；有意注意的观察能力明显提高；小学儿童的想象，相对于幼儿更加联系实际；思维形式从“具体形象思维”向“抽象逻辑思维”过渡，思维的品质迅速发展，有了一定的推理、分类、概括能力；道德认识、道德情感、道德行为发展迅速；自我管理、自我控制的能力萌芽、发展；对短期目标有一定的计划、实施的能力。

一、像保护眼睛一样保护孩子的自尊

自尊的重要性：关系到孩子做事的动机，动机就是行动的动力源泉；关系到孩子的自我评价，高自尊的孩子容易形成自信自爱、自立自强的心态。

做法：尽量不要在大庭广众之下对孩子进行批评，少用讽刺、挖苦、诋毁的语言，少打击多鼓励。

教师对孩子的影响很大，教师的批评、讽刺、打击、挖苦等，很有可能伤害到孩子脆弱的自尊。教师对孩子不喜欢的原因，主要是孩子有不当想法、言行、成绩不好等，所以，教师和家长之间建立通畅的沟通渠道非常重要。

二、形成正确的自我评价的关键期

研究表明，高自我评价的孩子更富有创造性，能更快地被团体接受并成为领导者，他们更自信、坦率，更愿意表达自己的意见，善于接受批评，学业成绩也较好，而低自我评价的孩子往往比较孤独、有不良的行为习惯，学习成绩不好。

小学是建立自信的关键期，培养自信应从小学儿童抓起。自信建立在正确的自我评价之基础上。

做法：注重孩子的全面发展，为孩子的人生做加法，让孩子有自信的本钱，这是建立孩子自信的有效方法。

三、避免孩子形成学习障碍

小学阶段，孩子的许多心理问题都是由于学习而引发的。老师和同学们对学习成绩的态度，会影响孩子对自我的评价。多数情况下，学习成绩差的孩子会有自卑感。

1. 幼儿期的学前教育很重要

在幼儿阶段，有针对性地培养孩子的观察能力、延长有意注意的时间，可以为小学学习打下良好的基础。试想，孩子进入小学之后，在课堂上的有意注意时间太短，不能集中注意力听讲，他的学习成绩会上得去吗?

做法：使用各种正面的鼓励刺激，引导孩子主动地观察外部世界，逐渐延长有意注意的时间。

2. 形成正确的学习习惯、掌握正确的学习方法的关键期

课前预习、上课认真听、课后复习、认真完成作业等基本的学习习惯，最好在小学二年级成形，这样才能完成整个小学的学习任务。在二年级以前，家长一定要好好配合老师，为形成这些学习习惯而努力。

掌握认真思考、拆分组合、理解想象等学习方法，小学阶段也是个关键时期。

3. 产生学习兴趣的关键期

做法：让他体验成功的喜悦。

孩子在学习、游戏、活动、竞赛中获得成功、体验到快乐时，孩子会向往重复这样的经历。在小学入学初期，家长应该密切关注孩子，细心指导孩子的学习和生活。

兴趣很重要，培养兴趣却很难。这一点可以参考本书的其他章节，通过专门的活动，来引发孩子的兴趣。消除学习障碍的最佳时机在学前教育阶段，并不是在小学入学之后。预防重于治疗。学习障碍一旦出现，必然对孩子产生长时间的负面影响。

研究表明，小学儿童出现学习障碍后，在精神疾病、行为、情绪等方面的问题显著多于正常儿童，有学习障碍的儿童通常存在注意力不集中、活动过度、问题行为（如攻击行为）、违法犯罪、忧郁、焦虑、自我评价低、受同伴欢迎程度低、人际关系不良等问题。

从易于理解的角度，把小学阶段的学习障碍归为三大类：一是语言、阅读方面的障碍；二是数学学习方面的障碍；三是行为、情绪方面的障碍。遇到了这样的问题，应该请专业的人员进行对症治疗。

针对学习障碍的成因和孩子的个性特点，最佳的方案是“治未病”，在幼儿阶段、学前阶段，就进行有针对性的预防和训练。

4. 处理已经产生的学习障碍

对于轻微的学习障碍，如果问题已经出现了，处理的思路是：补课、小步子前进、解决情绪和行为问题、长期地耐心鼓励。

对于已经产生的学习障碍，在处理思路上，可以参照前文。对于小学儿童，我们要专门花时间为他们“补课”，因为很多知识的前后关联度较大，前面的知识学懂了，后面的知识才学得会。我们要以更加耐心的心态面对已经出现的问题，遵循“小步子”前进的原则，不要对孩子提出过高的要求。由易到难、由浅到深、由简到繁地逐步克服各方的学习障碍。这些是总的原则、方针。

小学儿童的思维特点主要是具体形象思维，我们要根据这个特点来处理学习障碍。在语文识字方面，用好“具体划分”这个办法。即把复杂的事，拆分为简单的几部分。把理解语言的能力，节奏放慢，把复杂的句子进行拆分，分别理解学习之后，再整合为一个整体。

把数学符号、数学关系式所表示的意思，进行更进一步的简化、通俗化、具体化。比如“9 ÷ 3”这道算术题，如果孩子不明白除号的意思，就会对数学一知半解。数学的前后知识关联度比较大，要认真探究孩子所缺的知识是哪一部分，要针对性地补课。

对于小学儿童因为情绪、行为方面的问题而引起的学习障碍，处理的思路是把情绪和行为的问题解决掉，再补上缺失的知识，并教给孩子学习的方法。

比如，好动的问题，造成注意力不集中，在课堂教学中无法吸收和理解老师所传授的知识。解决“好动”等已经出现的问题，一定要遵循“小步子前进”的原则。打造安静的环境，逐渐培养孩子独处、安静的习惯，逐渐增加有意注意的时间，补上原来落下的教育内容。

如果出现了学习障碍，家长必须有充分的心理准备，应该长时间地陪着孩子，长时间地耐心呵护、支持鼓励孩子。

四、关注小学期儿童在人际关系方面的变化

在人际关系方面的变化表现在以下方面：

此时的孩子已经掌握了一些学习规则、学习方法和技巧；相对于幼儿时期，他们与父母在一起的时间明显减少；开始形成儿童“伙伴团伙”，儿童伙伴团伙主要在三四年级后开始出现、形成；他们在低年级时对老师崇拜和敬畏，到高年级时，变为有条件地服从和信任。

做法：密切注意孩子的人际关系，向孩子传递正确的观念（平等、尊重、互助……），及时纠正错误的观念和行为。

五、小学阶段是依恋的关键期

研究表明，12 岁前特别是 6 岁之前，是亲子依恋形成的关键时期。这期间，孩子如果缺少父母陪伴，就会造成安全感和幸福感的缺失，给日后的人生埋下隐患。如图 5 –4 所示。

图 5 –4　儿在家中盼父母归

做法：根据这个规律，家长要争取在这个年龄段陪在孩子身边，尽最大努力地克服时空条件的限制。

六、不要期望小学儿童变得理智

小学儿童的天性仍是贪玩好动、天真好奇，在他们的眼中世界仍然是模糊的，一切规则尚在建立之中。现实中，我们常常要求他们像成年人一样，希望他们“听话”，讲理，自觉自律、发奋努力，这其实是家长的一厢情愿和自寻烦恼。

孩子为什么一定要听话呢？虽然我们是为孩子着想，如果我们说什么，他们就听什么，那就剥夺了他们独立选择的权利，限制了他们探索创新的自由。

道德要求和社会行为规范，是孩子必须遵守的规则，家长要让孩子明白这个世界是有规则的。对于这些规则的教育，也要讲求艺术，讲求虚实互动，切勿粗暴地灌输。

第三节　中学阶段

中学阶段的青少年，身心正处于剧烈变化的阶段。

一、身心的巨大变化

十一二岁至十四五岁的青春期年龄段，为初中学习阶段，十四五岁至十七八岁为高中阶段。

1. 生理变化产生的巨大心理冲击

身体的巨大变化，性机能的成熟，让青少年开始关注异性。

教育点：正确对待异性、与异性相处的正确方法、正确认识自己身体变化、防止不良癖好的形成。

2. 身体上趋向成熟，心理上仍然幼稚

心理上希望成熟，但是仍然不能摆脱前一成长阶段延续的幼稚。所以在这个阶段，家长和孩子之间仍应保持一定的肢体、皮肤的接触，保持亲子之间的亲密关系，比如，抚摸一下头发、拍肩膀、比一比身高，胜利之后的拥抱、击掌、握手等。

二、思维特点的质变

《发展心理学》把十四五岁至十七八岁的年龄段，称为青年早期，我们把这个年龄段划入中学阶段的高中。这时的抽象逻辑思维属于理论型，能在头脑中进行抽象符号的推导，比如高中数、理、化的学习。高中生可以完成从个别到一般的归纳过程，也可以完成从一般到个别的演绎过程，抽象逻辑得到了高度发展。

研究表明，高二年级是创造性思维最活跃的年龄。抽象思维的发展，让孩子的推理能力、逻辑判断能力明显提高，他们开始通过逻辑推理得出某种结论。

三、青少年的反抗心理

在幼儿和小学阶段，对“镇得住”“吼得住孩子”，家长往往有一种成就感，这正是家长在初中、高中阶段管不了孩子的主要原因。即使是必须遵守的道德规范和行为准则，在教育过程中，仍然要讲求沟通的艺术。

1. 反抗心理是青少年普遍存在的一种个性心理特征

表现：对一切外在的力量予以排斥。

青少年的独立意识的高涨，是反抗心理产生的主要原因。青少年的反抗表现，可能是直接的激烈的对抗，也可能是间接的沉默的不理睬。

青少年在下列具体情况下易出现反抗行为：

一是个人的观点、做法得不到理解和关注。比如，青少年对影视歌星的喜爱追捧受到了父母的轻视。

二是独立的选择、个性的主张受到阻碍。比如，一家人外出购物时，孩子选择的东西被父母否定；孩子外出访友的请求被否决；孩子受到了父母的当众指责等。

三是成人强迫青少年接受某些观点，强迫他们去做某些事。比如在宴会上，父母要求孩子去敬酒、强迫孩子补习功课等。

找到了原因，就为“怎么做”提供了思路：提前预防 + 正确理解 + 合理应对。

2. 所谓叛逆集中表现在初中二年级阶段

主要原因有如下几点：

初中二年级是青春期表现最为集中的阶段，第二性征的出现、内分泌激素的活跃等生理因素所导致的心理变化非常明显，孩子开始注重自己的仪表，开始关注异性。这些行为必定消耗一定的精力，出现许多小插曲。

进入初二，课程突然增加，难度也有所加深，要求有更多的抽象概括能力。对孩子的学习方法和技巧、学习方面的意志品质提出了更高的要求，适应能力差的学生开始觉得学习吃力，学习成绩迅速下降。

3. 对治办法

提前预防：往前追溯一两年，即在小学五六年级就要营造和谐的亲子关系，打造民主的家庭氛围，坚持民主的教养方式。

教育具有“不可逆”的特点，解决青少年反抗心理的问题，必须要提前准备、预防在前。在孩子的独立期、对抗期还没有到来之前，我们和孩子的关系就已经是平等、坦诚的，和孩子之间的沟通是虚实互动的双向沟通。

分析各种叛逆现象背后的深层原因，就可以找到解决问题的办法。比如，家长为人处世的方法和态度让孩子反感了，孩子也会用叛逆的方式进行无声的抗议。

民主型的家庭一般尊重孩子的选择，孩子既要遵守规矩，又有自由选择权。家长要持续关注孩子的自觉性、自制力、自主性的培养，同时仍应该保持持续的监督和干预。这个过程虽很长、很辛苦，但是在孩子进入青春期之后，民主型家庭的教育效果就可以显现出来了。

四、青少年心理社会问题

我要当这个学校的大哥大

阿东把前面的一缕头发染成了黄色，老师点名批评、学校开大会的时候点名批评，可是这些批评对阿东来说就是耳旁风、是无所谓的事情。

阿东想要的就是这个效果，他要全校的学生知道，他才是这个学校的大哥大，他是敢和学校对着干的人。

香港拍了很多古惑仔、黑社会闯荡江湖的电影、电视，17 岁的阿东看了很多这类的录像。他非常向往古惑仔、大哥大的生活，所以索性就在学校里当起大哥来。

阿东后来的事情不言自明，因为打架斗殴被学校开除。混迹社会、提刀砍人、关进监狱。你要问这个孩子为什么会变成这样？阿东的家庭背景起着重要的作用，父母离婚、从小放任溺爱、蛮横成性。

“我要当这个学校的大哥大”故事情节，如图 5－5 所示。

图 5－5　“我要当这个学校的大哥大”故事情节示意

1. 成瘾行为

主要是网络游戏成瘾和吸烟成瘾。

吸烟成瘾：处于生长发育阶段的青少年，吸烟成瘾会对身体造成危害，吸烟行为与其他不良行为有一定的间接联系。

网络游戏成瘾已经成为比较普遍的问题。对已经成瘾的行为，要及时进行行为矫正和习惯替代。

对待孩子正常上网、网络成瘾的现象，有以下可供参考的处理思路：

（1）疏导为主。

家长允许青少年上网，但是有次数和时间的约定。随着年龄的增长，在成长过程中，通过学习和训练，逐渐提升孩子的自控能力。同时，家长要持续保持密切的关注，及时进行外在的干预。

我们主张以疏导为主，而不能封堵。如同治理江河，封堵不但起不到作用，反而容易适得其反。一旦孩子离开封堵的环境，就很可能通宵达旦地上网，如脱缰的野马，一发而不可收，如同很多高中生进入大学之后，在没有管束的环境中沉迷网络，不能自拔。

对于上网成瘾的青少年，家长在起始阶段的放任、放纵往往是罪魁祸首，有些留守儿童没有家长的管教，最开始接触网络游戏的阶段就处于放任自由的状况，这也是导致网游成瘾的重要原因。

（2）提前预见。

解决问题首先要找到问题的成因，网络游戏成瘾的形成过程是以时间为横轴，由浅到深，逐渐成瘾的。所以最佳方案是预防为上策，提前进行干预，或者在没有成瘾的初始阶段就进行干预。起始阶段是关键时间段，如同灭火的道理一样，刚刚着火的时候往往是小火苗，更容易扑灭。

我们要预见到，网络游戏对绝大多数的青少年有着巨大的吸引力，所以在一开始就要采取干预措施，比如次数与时间的约定，持续关注、提醒、监督等。

（3）密切关注网络“易成瘾”人群。

在学习、生活中不如意的青少年，是最容易网络上瘾的人群。

青少年在现实中的需求得不到满足，而从网络游戏中寻求安慰和满足，这一心理原因，是网络成瘾的一个重要原因。我们教育的核心就是要培养孩子健康的人格，帮助青少年建立正确的自我评价，走出焦虑、抑郁、空虚、自私、自卑的阴影。

学习成绩差的学生，在同学中没有地位，得不到老师的表扬和家长的肯定，性格内向的学生易产生自卑心理，离异单亲家庭的学生抑郁、自卑、苦闷，这些类型的学生都是网络成瘾的高危人群。现实生活中，受尊重、渴望爱和关怀等本能需求得不到满足的情况下，他们一旦接触到虚无的网络游戏，感受到其中虚无的满足，便会如痴如醉地沉迷其中。

对已经形成网络游戏成瘾的青少年，有如下几点思路：

首先，认识到矫正过程的长期性和艰巨性。在此基础上，采取综合的治疗方法：行为习惯替代 + 改变环境 + 群体互助。

其次，重点放在心理问题的矫正上。心理问题的矫正是根本，我们要根据网络成瘾背后的多种心理原因，如自卑、低自我评价、低自尊、生活逆境、同伴关系不和谐、离异重组等特殊家庭的心理创伤等，有针对性地给孩子的心灵疗伤。对于这一类孩子，家长要将“重建孩子的自信”作为一个专门的任务来完成。

2. 青少年的其他心理问题

青少年由于焦虑、抑郁、孤独、压抑等普遍性心理问题，常常引起精神失常或者自杀倾向。生活学习环境恶劣、专制或者放任的家庭教养方式、错误的教育理念等是这一类问题的主要原因。

在父母的高压管教下，孩子有压抑和焦虑等在所难免负情绪；对于经济收入低的家庭中的孩子，在崇尚金钱的社会环境中，广泛存在的物质攀比让很多孩子都感到自卑；错误教育理念所崇尚的应试教育，造就了众多的考试高手，“你只要把成绩考好，其他的都不用管”，有的高分考生进入大学后，发现自己除了考试厉害一无是处，抗挫折、抗打击的非智力品质低下，在学业、工作、感情问题上出现波折后，精神失常和伤人、自杀的事情经常见诸报端。

另外，孩子的自我评价出现了偏差，比如因为身材矮小、相貌普通、有胎记、有残疾等原因而产生的焦虑和自卑，如果不进行及时的干预，随着时间的延长，也会形成心理疾病。

心理疾病的种类很多，有自恋症、厌食症、强迫症、偷窥症等。爱孩子就要密切关注孩子的言行举动，改变易形成心理疾病的环境，通过双向深入的沟通，准确获知孩子的心理状态，以预防为主，争取把隐患排除在初始阶段。

做法：密切关注孩子，这是必须要做到的起码要求；提前学习青春期有关的知识；提前采取预防措施。

这些预防措施中比较重要的一点，就是打造坦诚沟通的局面。

凋零在花季

2012年11月27日，一名17岁的少年，和母亲吵架后，跳楼自杀。

在成都市武侯区旅游村街，17 岁学生黄明（化名）疑因和家人吵架，从6 楼跳下。记者从成都市第七人民医院了解到，黄明经抢救无效身亡，目前警方已介入调查。

黄明躺在成都市七医院病床上，他的妈妈在一边哭着打电话："我上午和他拌嘴，他不高兴。中午他跳下去时，我想去拉他，但没拉住……"

武侯区旅游村街一旅馆的保安介绍，中午 12 点，黄明从旅馆 6 楼跳下，被离地约 4 米高的八九根电线挡了一下，随后落到水泥地上，趴在血泊中。很快，黄明的妈妈跑到楼下哭喊，请人帮忙拨打 120。

据了解，黄明是一名学画画的艺术生，高三毕业后没考上大学。出事前他在一个培训班学习，准备考成都的大学。(2012 年 11 月 28 日《华西都市报》)

3. 青少年犯罪

处理青少年犯罪的问题，关键仍是预防为主，如同中医里的"治未病"，防患于未然；如果问题已经出现了，一定要找到问题的深层次原因，及时处理问题已经导致的后果。

青少年犯罪总是与错误的家庭教养方式、身心健康问题、不良的行为习惯、家庭破裂等联系在一起。真正爱孩子，家长就必须认真学习教育的本领、给孩子一个和谐幸福的家庭。

第四节　大学阶段

很多孩子到了大学阶段，虽然成绩还不错，但是娇气、霸气、遇事缺少主见、意志力薄弱等，这都是教育失衡的表现。

对于小学和初中阶段的孩子，在教育过程中需要依靠外部力量的推动，这种力量主要来自老师和父母，大学生则是以自我教育为主。

大学阶段是启动自身的发动机全力前进的阶段，此时要全面启动自身的智力和非智力"系统"，为着人生理想的实现而努力奋斗。

大学生及成年初期，正确的自我意识开始形成。理论上，大学生更加理智，自我评价趋于客观。而实际上，很多大学生意志薄弱、信念模糊、没有理想，还不能正确地评价自己。

大学阶段的多发问题提醒我们，对于大学生的家庭教育仍然不能松懈。大学是继续巩固和扩大教育成果的阶段。

一、新的目标在哪里

在当下应试教育的大环境之下，小学和中学的目标是考试、考上大学。孩子考上大学之后，原来的目标已经实现了，新的目标在哪里呢？这时候，很多孩子都迷失了方向。

做法：以理想和信念为基础，家长要发挥自己对孩子的影响力，按前面讲过的方法（目标和理想的教育），引导孩子树立适合自己的新目标。

二、心智的成熟

大学生的思维是辩证逻辑思维。他们的归纳推理能力增强，可以从普遍联系、运动发展的观点看问题。这种抽象的逻辑思维能力，如分析、归纳，推理、判断等都接近成年中期的水平，但他们缺少实际生活中的经验。

大学生能够主动地模仿、学习、总结和反省，这相对于中学生是质的变化。

中国的高等教育前辈蔡元培先生说过：“大学是以教授高深学问，养成硕学闳才，应国家需要为宗旨。”

“大学不是一个简单的职业培训所，而是集人才培育、学术研究、服务社会、文化的传承与创新于一体的一个场所和载体。”

做法：引导孩子把成熟的心智用于学业，用于思考设计、创造未来的人生。

三、人生观和价值观的重要问题

人生观是人人都无法回避、必须直面的话题。我们的所思所想、所作所为都与人生观紧密相连。简单地说，人生观就是如何看待人这一生，谋划人的这一生如何度过，做些什么。

人生观：对人生根本目的、根本意义的看法和态度。

价值观的形成：在成长过程中，随着外来观念的输入和自身实践，在成年后逐渐固定、成形。价值观是人生观的一部分。

打个通俗的比方，如果我们的价值尺度是个“三角形”，我们遇到符合“三角形”标准的人、事、现象、行为，我们就会认为这有意义、有价值、很重要。而对于不符合三角形的事情，则认为无价值、无意义、不重要。如图5－6所示。

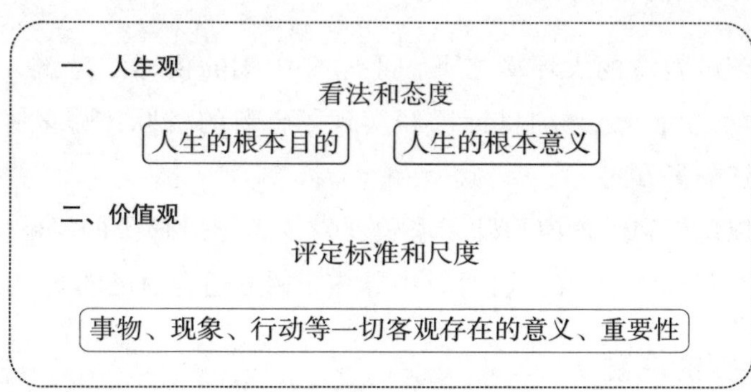

图5－6　价值尺度“三角形”

我们对价值观的教育，就是在人形成价值观的过程中，进行外在的干预和影响。正因为价值观是人成长过程中逐渐形成的，所以给我们留下了教育的空间和机会。比如，展现和传递某种价值理念，对孩子的言行和想法进行肯定或者否定，就可以影响他们价值观的形成。

做法：家长还要坚持做如下教育工作。

（1）价值观本身是一种观念，我们继续输入正面积极的价值观念。

比如，“人和事”分开处理的观念，即对任何人，在人格上给予充分的尊重，而对事情要按事情的规则来办，不可把人和事搅在一起。一个家族的长辈，我们对他尊敬，但是他处理事情明显不公平，就要勇敢地提出反对意见。我们对孩子输入这样的观念，会促使他形成“人与事分开处理”的观念。我们对孩子输入“人的一生应该创造价值”的观念，孩子长大后，就可能一生都致力于“创造正价值”。

（2）对已经有的不当观念进行干预。

（3）对不当的行为进行矫正。

某种理念会外化为某种行为，我们对不当的行为进行矫正，就可以修正孩子错误的价值观。比如，在人生观和价值观尚未定型的阶段，孩子自私自利的行为，受到了周边朋友的鄙视，这样的结果会促使孩子反思。教育具有不可逆性，人生观和价值观一旦成形、定型，就很难改变。比如，一个40岁的自私自利的人，任凭你如何旁敲侧击，举例子、做示范，甚至当面批评，也很难改变他自私自利的情况。

研究表明，人生观和价值观基本定型于25岁左右。

人生观是对人生的整个设计图。人生观和价值观紧密相连。人生观是在环境、父母和教师的共同影响下形成的。

四、开始关注恋爱、婚姻和事业

大学生之后的年龄段已经开始关注异性。恋爱、结婚、职业规划、事业这些关键词语，开始进入大学生的思维意识之中。

在恋爱、婚姻和事业的重大抉择面前，孩子们过去所积累的零星观念、亲身经历开始起作用了，过去的教育成果开始显现。“十年树木，百年树人”，注重人的全面发展的教育要经过一个长时间段才能显现出效果。

做法：引导孩子产生正确的恋爱观、婚姻观和事业观，以责任为基础，以真善美为灵魂，以创造正价值为永远不变的方向。

第五节　素质教育与人的全面发展

人的全面发展需要进行全面的教育。这本是个平常的命题，然而在中国的应试教育的大环境下，这个平常的命题变得异常沉重。

很多人都可以针对这个话题点评一番：教育体制问题、考评机制问题、大环境、历史原因等，但立足动词思维，我们该“怎么做”呢？

第一，找准定位，以行为主。“我们”这个主体是国家、教育主管机构、学校、教师还是家长呢？主体不同，做法就不同。本书中，把素质教育的主体定位为“普通家长和教师”。应试教育的大环境并未根本改变的情况下，我们虽无力改变现状，但可以找准定位，行动起来，对现有教育内容进行补充和平衡。

第二，找到“怎么做”的依据。正确的行动，需要正确的理论的支持。

教育活动要依据教育规律和原理而进行。全面的教育也要有正确的价值观和方法论作为指导。“物质价值观”对物质财富的过度崇尚，让我们开始反思教育的价值指向。孩子是有鲜活生命的人，“生命价值观”注重人的全面发展，注重生命的价值和过程，我们主张用这样的价值观指导教育活动。

第三，制定行动的模式。

第四，坚持做下去。

一、以人为本的教育价值观

某项行动背后的价值观，决定了这种行动的性质。为什么要提倡“以人为本”的教育价值观呢？主要是针对某些人对物质的过度崇尚。

你要我的钱，我要你的命

在一个红灯路口，阿美的车终于“顺利”地撞上了富豪的豪车，以追尾为序幕的美丽浪漫的故事开始了。阿美开的是普通轿车，而这位年轻富豪开的是进口豪车，所以要实现精心策划的方案，还是很费脑筋的。外貌姣好的阿美施展的美人计，很快俘获了这位年轻富豪的心，在交往的开始阶段，阿美表现出节俭、体贴、善解人意，进而的威逼、胁迫让这位年轻富豪放弃了原来的家庭，抛弃了一起打拼事业的糟糠之妻。

但是婚后的原形毕露让年轻的富豪不知所措，阿美变得拜金、贪婪、挥霍无度。一个偶然的机会，从阿美的闺蜜口中，富豪得知了婚变背后的阴谋。在一个风雨交加的夜晚，他高高地举起了铁锤……

“你要我的钱，我要你的命”故事情节，如图 5 – 7 所示。

不立不破，我们将“以人为本”的观点立起来，就可以破掉“以物为本”的价值观。“以物为本”向“以人为本”的转变是个艰难的过程。根据媒体及权威专业机构的调查结果，人们对物质财富的崇拜趋势非常明显。

1. 在教育活动中，为什么要“以人为本”

教育的动态过程、教育的生命特征、教育的构成主体都指向了“人”。

所有的事物都有根本的属性。教育的根本属性是促进人的全面发展，这个过程是动态的，具有明显的生命特征。人类的文化代代相传，家长和孩子

顺利追尾——美丽的邂逅、阴险的陷阱

图 5－7　“你要我的钱，我要你的命”故事情节示意

都是具有生命特征的人，教育活动的过程处处都指向人本身。

教育的价值取向影响到人的想法和做法。

“以物为本”促使人无休止地追求外在的物质财富，“以人为本”的价值观促使人追求生命的价值，注重生命的过程，注重人的全面发展，这与教育的根本目的是相符的。

家长非常关注子女长大以后能否找得到好工作、能否获得高收入，这本没有错，错在只有物质、只有成绩，错在偏执于一端。很多的家长以学习成绩为最高奋斗目标，身处应试教育泥潭之中而毫不察觉。一切都指向成绩和物质财富的情况下，必然忽略人的全面发展。以人为本的教育更关注孩子的成长过程，更在意孩子在意志品质、道德情操、创新能力、社会责任感、人格完善、人生价值等方面的教育。

2. 我们怎么做———精神引领人生高度，物质提供基本支撑

物质和精神不是根本对立的。物质和精神需要融合，各自发挥相应的作用。

正确的做法不是偏向一边，排斥另一边，仅有物质或者仅有精神都是难以为继的。我们可以超越点与点的对抗，而采用“包容的方法论”处理这个两难的问题。

人在精神文化领域的成长过程是一个长期的过程，周期长，进展慢，这符合人文建设的规律。物质领域的高速发展与精神文化层面的发展，如果形成了时间差，那么人们对于物质追求和精神追求的错乱就在所难免。“房子、车子、票子”这样的关键词强烈地冲击着人们的大脑，以拜金为标志的“以物为本”是特定时期的特殊产物，我们最终要回归物质与精神协调发展的正途。

我们怎么做？第一，精神大于物质。第二，二者缺一不可。第三，精神引领人生的高度，物质提供基本支撑。

二、素质教育的构建与实施

人的全面发展需要进行全方位的教育，很多人只考虑“教育内容”这一个点。立足动词思维，从“怎么做”的角度出发，实施全方位的教育，需要教育结构图中各个要素的“整体联动”，即教育主体观念的更新、教育环境的改善、教育方法的改进、教育内容的科学安排等。

根据教育结构图，素质教育的框架是由多个组成部分、多条关系组成的。

1. 打造素质教育的环境

主要是家庭环境和学校环境。前面的章节已经对这部分内容作了详细的论述。

为了打造家庭的硬件环境，会有一些必要的投入。比如，用多媒体的方式学英语，的确比纸质材料更高效。为了培养孩子创造发明的能力，为孩子购置一些小电机、小工具是需要投入的。为孩子购买课外书，带孩子外出游玩等，都是需要投入的。家庭教育的投入和产出最大化，我们可以作为一个专题来探究。

2. 家长必须坚持学习

我们首先要在思想意识上引起高度重视，并通过学习，切实掌握素质教育方面的规律、原理和方法等。这部分内容在前面的章节已经详细论述。

3. 家庭与学校之间的联动

素质教育的实施过程，需要教师与家长的紧密配合。比如，观察能力的训练，需要重复去做，才能形成主动观察的意识，观察的训练由教师和家长协同完成取得的效果最佳。发出指令的人不同，执行任务的效果不同。特别是小学生，对教师布置的任务非常重视。我们可以根据学生不同成长阶段的身心特点，建立家庭与学校联动的机制，共同完成素质教育的工作。

建立家庭和学校的联动机制可以极大地提升素质教育的效率，联动机制的建立与运行可以作为一个专门的命题进行深入的研究和持续的实践。

4. 全面教育的内容

我们将教育内容分为了两大板块，即智力内容和非智力内容，这是常用的划分习惯，这样划分为两个点，易于学习和操作。为了做到“易学、易懂、易操作”，我们又再次划分，将教育的智力内容分为认知、解决问题、创新。这是一种层层递进的划分：认知—解决问题—创新。

认知是基础。解决问题，不仅仅是解决书面解题中的问题，更多的是解决实际生活中的问题，这样就将理论与实践连接了起来。创新是更高的要求，也是时代发展的需要。

我们将非智力教育的内容划分为四个部分——品德、行为习惯、意志和信念、目标和理想，并且对四部分内容的规律、教育过程、教育方法分别进行了解读。

素质教育内容与成长阶段的横纵组合的关系，即同样的内容在不同的成长阶段，教育的方法是不同的。

5. 建立素质教育的模型

建模的作用：简化理论、升华经验、易于落实。

参考文献

［1］许国志．系统科学［M］．上海：上海科技教育出版社，2010.

［2］刘焱．儿童游戏通论［M］．北京：北京师范大学出版社，2008.

［3］皮连生．智育心理学［M］．北京：人民教育出版社，2008.

［4］朱智贤．中国儿童青少年心理发展与教育［M］．北京：中国卓越出版公司，1990.

［5］谢利民，郑百伟．现代教学基础理论［M］．上海：上海教育出版社，2002.

［6］林崇德．学习与发展［M］．北京：北京师范大学出版社，2001.

［7］卢家楣，等．心理学——基础理论及其教育应用［M］．上海：上海人民出版社，2003.

［8］罗利建．钱学森之问——大师是怎样炼成的［M］．北京：中国经济出版社，2011.

［9］［英］埃德温·A. 艾勃特．平面国［M］．南京：江苏人民出版社，2009.

［10］黄建明．科学思维法［M］．成都：四川辞书出版社，2007.

［11］吴耀琪．新能源创新发展模式［M］．北京：科学出版社，2010.

［12］陈会昌．道德发展心理学［M］．合肥：安徽教育出版社，2004.

［13］张大均．教育心理学［M］．北京：人民教育出版社，2003.

［14］董奇．心理与教育研究方法［M］．北京：北京师范大学出版社，2004.

［15］林崇德．发展心理学［M］．2 版．北京：人民教育出版社，2009.

［16］陈帼眉．学前心理学［M］．北京：人民教育出版社，2003.

后 记

经过长时间的思考和准备，我们提出了这个命题：把全面的教育融入日常生活之中。当教育融入日常生活之后，就意味着“教育机会无处不在”了。这是一种理想状态。

全面的教育如何做？这是一个有争议、极大、极难的命题。现在又提出把全面的教育融入日常生活，这不是在和自己过不去吗？在本书中，我们基本回答了这个问题。

教育书籍必须解决两个问题：教什么、怎么教。也就是教育内容和教育方法的问题。在教育内容方面，我做了简化处理，把教育内容分为两个板块：智力和非智力。在教育方法上，我提出了总方法与细方法分开学习的思路。这些小小的变化，化解了一些不必要的争论，让枯燥的学习变得简单了。

为了实现通俗易懂，我们不得不忍痛删除了大量非常有含金量的内容。

由于作者才疏学浅，书中的错误与疏漏在所难免，恳请广大家长批评指正，我们将虚心接受、有错就改。

本书在完成过程中，受到了许多老师、朋友的鼓励支持，在此表示衷心的感谢。

作　者

2016 年 6 月